华侨大学政治与公共管理学院丛书

■ 汤兆云　覃　平　著

基金项目：福建省以马克思主义为指导的哲学社会科学学科基础理论研究项目："社会保障调节收入再分配效应及其政策体系完善研究"（编号：FJ2018MGCA040）。

社会保障调节收入再分配效应及其政策体系完善研究

——以社会养老保险为分析视角

经济日报出版社

图书在版编目（CIP）数据

社会保障调节收入再分配效应及其政策体系完善研究/汤兆云，覃平著．—北京：经济日报出版社，2020.7

ISBN 978-7-5196-0687-9

Ⅰ．①社… Ⅱ．①汤… ②覃… Ⅲ．①社会保障—国民收入分配—研究—中国 Ⅳ．①D632.1②F124.7

中国版本图书馆 CIP 数据核字（2020）第 121546 号

社会保障调节收入再分配效应及其政策体系完善研究

著　　者	汤兆云　覃　平
责任编辑	门　睿
责任校对	王阿林
出版发行	经济日报出版社
地　　址	北京市西城区白纸坊东街 2 号 A 座综合楼 710（邮政编码：100054）
电　　话	010-63567684（总编室）
	010-63584556（财经编辑部）
	010-63567687（企业与企业家史编辑部）
	010-63567683（经济与管理学术编辑部）
	010-63538621 63567692（发行部）
网　　址	www.edpbook.com.cn
E - mail	edpbook@126.com
经　　销	全国新华书店
印　　刷	天津雅泽印刷有限公司
开　　本	710×1000 毫米　1/16
印　　张	13.75
字　　数	200 千字
版　　次	2020 年 7 月第一版
印　　次	2020 年 7 月第一次印刷
书　　号	ISBN 978-7-5196-0687-9
定　　价	58.00 元

《华侨大学政治与公共管理学院丛书》总序

◇ 蔡振翔

为了更好地交流研究成果，促进学术的进步与繁荣，华侨大学政治与公共管理学院研究决定，编辑出版《华侨大学政治与公共管理学院丛书》。经过一段时间的紧张筹备，《华侨大学政治与公共管理学院丛书》第一辑、第二辑、第三辑、第四辑一共16种学术专著，在2017年、2018年由经济日报出版社等出版社陆续出版，并且在社会上产生了比较大的影响，得到不少专家学者的好评，使我们深受鼓舞。经过一段时间的精心策划，《华侨大学政治与公共管理学院丛书》第五辑一共4种学术著作又将隆重推出，与广大读者见面。

作为一门综合类的学科，中国的公共管理学科起步于20世纪80年代，是在政府职能转变与机构改革的时代背景下，借鉴西方发达国家有关学科的经验而缓慢发展起来的。当时学术界普遍认为，公共管理学科能够促进公共利益的有效实现，能够促进政府公共决策的科学化系统化民主化。最初出现的是各种各样的公共管理研习班，进入90年代，一些高等院校陆续开设了公共管理专业或者一些有关的课程；到了本世纪初期，中国的公共管理学科得到快速的发展，学科体系逐渐成熟。因此，尽管中国的公共管理学科目前仍然存在着学科理论体系有待进一步完善，学科队伍建设有待进一步加强，学科专业范围有待进一步界定等诸多问题，但是总的说来，中国的公共管理学科时间不长却发展很快、专业方向涵盖面宽、办学方式灵活，基本上形成了自己独特的学科体系与方法论，具有着很好的发展前景。

华侨大学政治与公共管理学院的历史悠久，前后经历过几个不同的发展阶段，具有几个不同的名称。在2001年，当时的人文社会科学系申报公共事业管理本科专业获得批准，次年开始招生。在2004年，当时的人文与公共管理学院申报行政管理本科专业获得批准，次年开始招生。到了2006年，当时的人文与公共管理学院获得行政管理二级学科硕士学位授予权和公共管理（MPA）专业学位授予权，次年开始招生。到了2009年，土地资源管理本科专业转入当时的人文与公共管理学院。2012年，当时的公共管理学院申报城市管理本科专业获得批准，次年开始招生。包括MPA研究生在内，目前政治与公共管理学院的在校生将近1500人，建立了比较完整的公共管理学生培养体系。

我一直认为，一个学院的生存与发展，一共有三个关键问题。首先是环境。作为大学，通常有两大任务，一是培养人才，二是学术研究。学院工作也是如此，只不过是更加具体化而已。华侨大学政治与公共管理学院拥有政治学与公共管理两大学科，这样的学科背景，导致我们特别推崇据说是出自明代顾宪成的那幅名联："风声雨声读书声，声声入耳；家事国事天下事，事事关心"，把它作为座右铭，希望政管学院的师生都能有忧国忧民的人文关怀、自由开放的精神风貌，树立起应有的人生观和价值观；其次是制度。也就是说，一定要建立起一套规范的教学、科研及其管理制度。政管学院在学校有关规章制度的基础上，结合学院教学、科研及其管理工作的实际情况，陆续出台的十几份配套的规定或者措施，有的直接照搬学校的规定，有的比学校的宏观要求更加细化更有可操作性，有的比学校提出的要求还要更高一些，以便鼓励教师从事教学、科研和服务工作的积极性；最后是目标。换句话说，学院在做好日常性程序性的工作外，既要有着长期的发展战略，又要制定近年应当达到的几个具体目标并且设法做到。可以说，经过全院师生的不懈努力，在教学、科研和管理等方面，政管学院都取得了十分可喜的成绩。

特别值得一提的是，长期以来，政治与公共管理学院重视对学生综合素质的培养，重视对学生专业知识的学习，重视对学生专业技能的训练，使得学生在走出校门时，具备了比较高的适应能力，可以应付遇到的各种困难与问题，而这一切，有赖于政管学院拥有一支结构合理、富有创造力、以中青年占居绝大多数的教师队伍，使得科学研究工作一直保持着良好的发展态势，各级各类科学研究项目、论著、奖项在全校一直位居前列，形成了通过科学研究的深入开展，进而提高教学质量教学水平的政治与公共管理学院特色。

也正是因为这样，政治与公共管理学院的公共管理学科在发展过程中，慢慢地形成自己的重点与特色。归纳起来，主要有三个研究方向：第一，在作为公共管理专业基础的行政管理研究方向，关注的重点是国家治理中的政府管理问题，通过定量和定性的方法，对公共危机管理、环境治理、城市治理等领域展开具体研究；第二，在作为公共管理专业优势的社会保障研究方向，关注的重点则是社会养老保险、医疗保险等问题；第三，作为公共管理专业特色的侨务政策与闽台区域治理研究方向，立足于闽台地域特色，服务于区域发展，关注华侨华人的桥梁与纽带作用。政治与公共管理学院的大量成果，都与上述三个研究方向密切相关。

与《华侨大学政治与公共管理学院丛书》的前四辑一样，《丛书》第五辑收录的学术新著，同样具有观点新颖、内容丰富、论证翔实的特点，同样体现出政管学院的研究水平、研究重点及其研究特色。当然，《丛书》中恐怕还是会有这样或者那样的缺点与错误，敬请海内外专家学者予以批评指正。

蔡振翔

2016 年 10 月 22 日晚 8 时完稿于山阳馆

2019 年 9 月 20 日晚 9 时改定于山阳馆

蔡振翔，华侨大学政治与公共管理学院院长、教授，兼任台湾民主自治同盟第八届、第九届、第十届中央委员会委员，福建省第十一届、第十二届人民代表大会常务委员会委员等职。

摘　要

社会保障作为现代社会一项基本的社会经济制度和民生福利的基本制度保障，对于一个国家社会经济的良性健康发展和长治久安具有重要意义。随着社会保障制度的不断建立健全、社会保障覆盖面的不断扩大和社会保障资金的不断增加，社会保障在调节收再分配中的重要性不断提高。在构成社会保障的诸多项目中，由于保障对象、保障目标、资金来源、给付方式等因素的不同，社会保险、社会救助、社会福利（社会优抚）等项目发挥的作用、功能有着一定程度的差异。各国的实践证明，社会保障制度对于调节收入分配具有较好的效果。随着我国社会保障覆盖面的不断扩大，其参与者所获得的社会保障待遇也同步增加，成为影响收入再分配的重要因素。

一段时期以来，我国不同群体、不同地区收入分配差距持续扩大，业已成为不争的事实，并成为社会各界普遍关注的热点问题。导致收入分配差距持续扩大的原因是多方面的，但作为关乎基本民生和国家长治久安重大制度安排的社会保障制度不健全与不公平是其中非常重要的原因。因此，如何运用社会保障这一手段调节和缩小收入差距，具有重要意义。基于闽南地区社会养老保险的调查数据显示，城乡居民参加社会养老保险、参加医疗保险、获得社会救助、享有城镇居民最低生活保障和享有住房公积金等项目情况的覆盖范围、保障水平和瞄准机制与其相关自变量之间呈现出一定的显著关系。但总的来说，社会保障对于调节收入再分配发挥的作用较有限，并有与其不同的自变量之间存在着较为明显的关系。

城乡居民对于参加社会保障项目后收入再分配提高比例的直接和主观评价，也是社会保障调节收入再分配的重要衡量指标。基于闽南地区社会养老保险的调查数据同时显示，城乡居民认为社会保障能够调节收入再分配的比例不是很高，并有与其不同的自变量之间存在着较为明显的关系。

针对目前我国社会保障调节收入再分配存在的社会保障政府财政责任不到位、社会保障覆盖面不充分和社会保障存在着城乡行业和群体之间的差距等主要问题。在劳动者中，存在着有社会保险与无社会保险者的收益差异；在已纳入社会保险的劳动者群体中，存在着公务员、事业单位工作人员与企业职工等的待遇差距；在企业职工中，存在着垄断行业与一般性竞争行业的职业福利（如住房公积金、企业年金等）差异；在城乡居民中，存在着社会保障项目多寡与水平高低等差异；在不同地区之间，存在着社会保障缴费率和待遇的差距；等等。

未来一段时期，进一步完善社会保障制度的顶层设计、妥善处理社会保障制度中各级政府的涉费责任和财政责任、将农民工群体纳入社会养老保险体系之中和建构“五支柱”模式的社会养老保险制度框架等政策建设，对于充分发挥社会保障调节收入再分配作用具有重要意义。

关键词：社会保障；社会保险；社会养老保险；社会功能；社会保障制度改革；社会保障基金；养老保险基金；现收现付；完全积累；社会保障水平；调节收入再分配

ABSTRACT

Social security, as a basic social and economic system and basic system guarantee of livelihood and welfare in modern society, is of great significance to the sound and healthy development of social economy and long-term stability of a country. With the continuous establishment and improvement of the social security system, the expansion of social security coverage and the increasing of social security funds, the importance of social security in regulating income redistribution is constantly increasing. Among the many social security projects, due to the different factors such as the object of security, the goal of security, the source of funds and the mode of payment, the functions of social insurance, social assistance and social welfare (social preferential care) are different to a certain extent. Practice in various countries has proved that the social security system has a good effect on regulating income distribution. With the continuous expansion of social security coverage in China, the social security benefits of its participants have also increased synchronously, which has become an important factor affecting income redistribution.

Over a period of time, it has become an indisputable fact that the income distribution gap between different groups and regions in China continues to expand, and it has become a hot issue of general concern to all sectors of society. There are many reasons for the widening income distribution gap, but the imperfect and unfair social security system, as a major institutional arrangement concerning the basic livelihood of the people and the long-term stability of the state, is one of the most important reasons. Therefore, how to use social security to adjust and narrow the income gap is of great significance. Based on the survey data of social endowment insurance in southern Fujian, the coverage, security level and targeting mechanism of urban and rural residents participating in social endowment insurance, participating in medical insurance, obtaining social assistance, enjoying the minimum living security of urban residents and enjoying housing provident fund and other items and their related independent variables are presented. However, in general, the role of social security in regulating income redistribution is limited, and there is a clear relationship with its different independent variables.

Urban and rural residents'direct and subjective evaluation of the proportion of income redistribution increase after participating in social security projects is also an important measure of social security adjusting income redistribution. Based on the survey data of social endowment insurance in southern Fujian, it also shows that the proportion of urban and rural residents who think that social security can regulate income redistribution is not very high, and there is a clear relationship with its different independent variables.

In view of the main problems existing in the regulation of income redistribution by social security in China, such as inadequate financial responsibility of the social security government, inadequate coverage of social security and the gap between urban and rural industries and groups. Among the workers, there are differences in benefits between those who have social insurance and those who do not have social insurance; among the workers who have been included in social insurance, there are differences in the treatment of civil servants, public institution workers and enterprise workers; among the employees of enterprises, there are occupational benefits in monopoly industries and general competitive industries (e. g. There are differences in housing provident fund, enterprise an-

nuity, etc.); in urban and rural residents, there are differences in the number and level of social security projects; in different regions, there are differences in social security contribution rate and treatment, etc.

In the coming period, we should further improve the top-level design of social security system, properly handle the financial and financial responsibilities of governments at all levels in the social security system, integrate peasant workers into the social endowment insurance system and build a Five-pillar framework of social endowment insurance system. It is of great significance to play the role of social security in regulating income redistribution.

Key Word

Social security; Social insurance; Social endowment insurance; Social function; Social security system reform; Social security fund; Endowment insurance fund; Pay as you go; Full accumulation; Social security level; Adjusting income redistribution

目
录
contents

表目录

图目录

第一章

绪　论

第一节　研究背景

社会保障（social security）作为现代社会一项基本的社会经济制度和民生福利的基本制度保障，对于一个国家社会经济的良性健康发展和长治久安具有重要意义。国际劳工组织有一句名言：没有社会安定，就没有社会发展；没有社会保障，就没有社会安定。

关于社会保障的定义，在世界各国（地区）以及相关国际组织中的政策、文献及有关论述论著中的具体提法不尽相同，往往是根据本国（本地区）社会保障的实施情况及对它的理解来描述。1989 年，国际劳动局将“社会保障”定义为：“社会通过一系列对付经济和社会风险的公共措施，为社会成员提供保护——否则，这种风险将导致薪给的停止支付，或因疾病、生育、工伤、失业和死亡导致实际收入的减少；同时它也提供医疗照顾和家庭津贴。"[①] 中国学者认为，社会保障是以政府为责任主体，依据相关法律规定，通过国民收入再分配，对暂时或永久失去劳动能力以及由于各种原因而生活发生困难给予物质帮助，保障其基本生活的制度[②]；或是指国家和社会对生活困难的社会成员予以物质帮助，并保障其基本生活的制度和措施[③]；或是指当法定范围内的劳动者因非自愿原因，造成暂时或永久丧失劳动能力或者失去工作机会时，由国家或社会依法对其基本生活需求予以保证的制度。[④]《中华人民共和国宪法》第45条规定："公民在年老、疾病或者丧失劳动能力的情况下，有从国家和社会获得物质帮助的权利。"这是对社会保障概念最简洁的概括。以上关于"社会保障"的概念尽管具体提法不尽相同，但这些概念一般都包括了社会保障的三个基本特征：（1）社会保障是由社会提供的援助；（2）社会保障的援助来自公共措施，一般由政府主导，不同于私人的慈善行为；（3）社会保障提供的是经济援助，不包括精神抚慰等社会援助。[⑤]

一般认为，社会保障是指以政府作为责任主体，依据法律规定，通过国民收入再分配，对暂时或永久失去劳动能力以及由于各种原因而生活发生困难的国民给予物质帮助，保障其基本生活的制度。其要点主要包括以下四个方面：（1）其责任主体是政府；（2）其得以实施的依据和保证是相应的社会立法；（3）其资金来源是通过国民收入再分配形成的社会基金，用它来支付保障费用；（4）其目标是满足公民的基本生活需要，对那些由于各种原因处于生活困难或者面临生存危机的社会成员给予达到维持生存所需要的生活保障。社会保障是一个庞大、复杂的系统，分为不同层次，

---

① ILO, Introduction of Social Security, ILO, Geneva, 1984, p135.

② 孙光德、董克用主编：《社会保障概论》，北京：中国人民大学出版社2012年版，第4页。

③ 邹东涛、李欣欣：《社会保障：体系完善与制度创新》，北京：社会科学文献出版社2011年版，第5-6页。

④ 张敬一、赵亚新：《农村养老保障政策研究》，上海：上海交通大学出版社2007年版，第10-12页。

⑤ 胡晓义主编：《走向和谐：中国社会保障发展60年》，北京：中国劳动社会保障出版社2009年版，第2-3页。

各层次又由许多项目组成。社会保障体系就是由各个层次的诸多项目构成的整体。如果把这些项目从保障对象、保障目标、资金来源、给付方式等方面进行归纳，可归总为社会保险、社会救助、社会福利（优抚）等。[①]另外如企业员工福利、慈善事业和互助保障，属于社会保障的补充形式。

完善的社会保障制度，在起到收入再分配调节作用的同时，还能够为劳动者建立养老风险保障措施，帮助他们因年老、伤病等原因退出劳动后，避免由于生活缺乏基本保障而引发一系列的矛盾，维护社会的稳定。因此，完善的社会保障制度被称为人民生活的“安全阀”、经济发展的“助推器”、社会矛盾的“调节器”和社会政治的“稳定剂”。[②] 作为一种以解除国民生存危机和保障国民基本生活为本源职责的制度安排，现代社会保障无疑是增进国民福祉、推动社会主义和谐建设、促进社会公平正义的重要内容，具有不可替代的重要作用。具体来说，表现在以下几个方面：（1）社会保障的直接目的是保障国民的基本生活，使劳动者的年老或者发生意外时有生活来源，摆脱生存危机，为人们架起一道生存的安全网，一道维护社会安全的防线；（2）社会保障是市场经济正常运行的必要条件，它能够通过收入补偿和经济补贴保障因年老或者发生意外的劳动者的基本生活，帮助他们恢复和保存劳动能力；（3）社会保障具有收入再分配的功能，能够调节中高收入群体的部分收入，提高最低收入的保障标准，适当缩小不同社会成员之间的收入差别，化解社会矛盾，实现共享发展；（4）社会保障通过各种措施，为社会成员提供经济保障，调节社会矛盾，避免人们由于生存危机、心理失衡而导致社会冲突，具有社会减震器的功能。

一种制度的确立与变迁，往往服从于特定时代的需要及构成国情的客观要素，但制度的制定者的因素（如其价值取向、所持理念和对客观因素判断的标准）又会对制度的构建产生直接有效的影响。我国农村社会养老

① 孙光德、董克用：《社会保障概论》，北京：中国人民大学出版社 2012 年版，第 4-5 页。

② 邹东涛、李欣欣：《社会保障：体系完善和制度创新》，北京：社会科学文献出版社 2011 年版，第 6 页。

保险制度的建立健全，一方面是我国政治、经济、社会和人口因素综合作用的产物；另一方面，制度的制定者的因素使我国社会保障经历了一波三折的发展历程。我国一直非常重视社会保障的制度建设，并把社会保障作为调节国民收入再分配的重要手段。在计划经济时期，我国实行的是以国家（通过中央政府以及地方各级政府）为主要责任主体、城乡单位担负共同责任并一起组织实施的较为完整的社会保障制度。在这种制度安排下，国家直接承担着统一制定各项社会保障政策、直接供款和组织实施有关社会保障事务的责任，城镇职工单位负责缴纳职工的劳动保险费用，农村集体则担负着救济"五保户"和优待烈军属等责任。① 改革开放后的20世纪80年代，随着社会经济的发展、农村外出人口的增多，特别是随着计划生育政策的实施以及人口老龄化进程的加速，越来越多的家庭以"四、二、一""四、二、二"形式出现②，子女负担着越来越多长辈的生活起居和照料，难堪重负；另一方面，我国传统上的家庭养老、土地保障功能都有弱化乃至丧失的趋势③，这在一定程度上更加重了子女对长辈生活起居和照料的负担。④ 这些问题引起了党和政府的高度重视，由此加快了社会养老保险制度和社会保障制度建设的步伐。

1985年9月，党中央在通过的《关于制定国民经济和社会发展第七个五年计划的建议》中明确提出了社会保障工作"要坚持社会化管理与单位管理相结合，以社会化管理为主的改革方向。社会保障机构要把社会保

---

① 郑功成：《中国社会保障制度变迁与评估》，北京：中国人民大学出版社2002年版，第5页。

② 始于20世纪80年代初期的全国性的人口计划生育，我国家庭户规模持续缩小，由两代人组成的家庭核心家庭模式逐渐取代传统的大家庭模式。2010年我国平均家庭户规模为3.08人，而2000年、1990年分别为3.44人、3.96人。另外，由于家庭生育子女数量的减少及人口老龄化进程的加快，越来越多的"四、二、一"（祖辈4人、父母亲2人、子女1人）、"四、二、二"（祖辈4人、父母亲2人、子女2人）家庭导致供养系数和老年赡养系数上升；再加上城市化过程中更多的农村劳动力人口进城务工，农村家庭养老功能渐趋弱化甚至退化。

③ 作为农民最基本生产要素的土地，对农民养老保障起着重要作用。自我国农村实行联产承包责任制以来，在社会保障尚未完善的条件下，在工业化进程加快以及农村剩余劳动力艰难转移的过程中，农村之所以没有出现大的社会问题 土地保障功能功不可没。

④ 李郁芳：《试析土地保障在农村社会保障制度建设中的作用》，《暨南学报》2001年第6期。

险、社会福利、社会救济工作统一管起来，制订规划，综合协调”，“抓紧研究建立农村社会保险制度，并根据各地的经济发展情况进行试点，逐步实行”。1986年9月，民政部和国务院有关部委在江苏省沙洲县召开了全国农村基层社会保障座谈会，会议根据我国农村的实际情况决定因地制宜地开展农村社会保障工作，并确定以一些发达地区为试点，启动了建立农村社会养老保险制度的工作。最初的农村社会养老保险制度建设以乡、村社区为依托，资金主要由集体负责，按商业模式运行。在政府的推动下，到1989年底，全国共有19个省（自治区、直辖市）的800多个乡、8 000多个村开始实行农村养老保险制度的试点工作。但是由于这一时期社会养老保险的层次过低、范围过小、资金筹集困难，保险公司没有积极性①，总的来说，取得的效果非常有限。1993年11月，党的十四届三中全会《关于建立社会主义市场经济体制若干问题的决定》明确要求“建立多层次的社会保障体系”，并确认了“社会保障体系包括社会保险、社会救济、社会福利、优抚安置和社会互助、个人储蓄保障”。2006年10月，党的十六届六中全会提出：到2020年基本建立社会保险、社会救济、社会福利、慈善事业相衔接的覆盖城乡居民的社会保障体系。2011年3月，《国民经济和社会发展第十二个五年规划纲要》明确规定，要从加快完善社会保险制度、加强社会救助体系建设和积极发展社会福利和慈善事业三个方面“健全覆盖城乡居民的社会保障体系”。在此基础上，党的十七大明确提出到2020年基本建立覆盖城乡居民社会保障体系的奋斗目标。

党的十八大以来，社会保障已成为以习近平总书记为核心的新一届中央领导集体作为关乎基本民生问题和国家长治久安的重大制度性安排。完善社会保障调节收入再分配政策体系建设成为我国社会保障制度建设的重

① 自20世纪80年代我国恢复国内保险业务以来，其发展速度较快，保费收入年增长率在30.0%以上，但是农村商业养老保险年增长率不超过5.0%。县域保险发展研究课题组问卷调查数据表明，只有16.5%的人有意愿购买商业保险，远低于48.8%的选择儿女赡养养老方式、28.3%的个人储蓄养老方式（参见：苗富春、林岱仁：《县域保险发展研究报告》，北京：中国财政经济出版社2006年版，第74页）。

要内容。党的十八大报告指出："社会保障是保障人民生活、调节社会分配的一项基本制度。"强调要从改革和完善企业和机关事业单位社会保险制度、整合城乡居民基本养老保险和基本医疗保险制度、完善社会救助体系、健全社会福利制度、支持发展慈善事业、做好优抚安置工作等几个方面"统筹推进城乡社会保障体系建设"。党的十八届三中全会《关于全面深化改革若干重大问题的决定》强调从完善基本养老保险制度、推进城乡最低生活保障制度统筹发展等几个方面"建立更加公平可持续的社会保障制度"。党的十九大强调从"完善城镇职工基本养老保险和城乡居民基本养老保险制度，尽快实现养老保险全国统筹；完善统一的城乡居民基本医疗保险制度和大病保险制度；完善失业、工伤保险制度；统筹城乡社会救助体系，完善最低生活保障制度；完善社会救助、社会福利、慈善事业、优抚安置等制度"等方面"加强社会保障体系建设"。党的十九届四中全会《关于坚持和完善中国特色社会主义制度 推进国家治理体系和治理能力现代化若干重大问题的决定》进一步强调，要"坚持应保尽保原则，健全统筹城乡、可持续的基本养老保险制度、基本医疗保险制度，稳步提高保障水平。加快建立基本养老保险全国统筹制度"。

第二节　研究基础理论

一、马克思的社会保障思想

马克思社会保障公平思想是18世纪资本主义社会经济、政治等因素综合作用的结果。自18世纪中叶英国开始的工业革命，由于机器生产代替手工劳动，在极大促进社会生产力发展的同时，也加大了劳动者的各种意外风险，致使工伤事故不断发生；随着工业化、城市化进程的加快，越来越多农村人口涌入城市，使工人失业威胁增大。这些都使得劳动者收入、生活、医疗、养老等社会保障问题受到越来越大的影响。这些问题的解决，

靠个人力量是无能为力的，必须有政府或社会的帮助，即要求在生产社会化的前提下建立与之相适应的社会化的社会保障制度。另外，资本主义经济周期性经济危机的爆发也使得资产阶级与无产阶级的矛盾日益激烈。“工业的生命按照中常活跃、繁荣、生产过剩、危机、停滞这几个时期的顺序而不断地转换。由于工业循环的这种周期变换，机器生产使工人在就业上并从而在生活上遭遇的无保障和不稳定状态，已成为正常的现象。”①通过资本主义社会生产方式、生产力过程的考察，马克思认识到资本主义社会化大生产打破了原有的农业人身依附关系，使得原有的家庭生产职能及家庭保障功能越来越无法适应社会化大生产的发展需要，由此产生了保障社会化的客观要求。

作为予以保证社会成员基本经济生活安全的社会经济制度的社会保障，通过合理的制度安排，创造并保证每一个国民在享受社会保障的过程中能够实现起点公平并维护过程公平。在此基础上，促进每一个国民享受社会保障的结果公平或者尽可能地缩小结果的不公平。也就是说，公平是社会保障制度的主要内容和特征。通过对资本主义工业革命时期经济活动、生产方式运行规律的研究，马克思全面考察和审视了资本主义生产方式下社会保障制度的原理和机制，进而剖析了资本主义生产方式下社会保障制度的实质和内涵。通过对这一时期资本主义经济活动、生产方式运行规律的研究，马克思发现，无论是一个社会的经济运行或者社会发展，都需要建立程度不同的“以保证全体或者部分社会成员的基本经济生活安全的”社会保障。因此，在《共产党宣言》《资本论》《哥达纲领批判》等经典著作中，马克思在对资本主义制度批判和社会主义制度设想中详细阐述了自己关于社会保障的思想。马克思认为，相对过剩人口一方面为资本主义生产方式提供源源不断劳动者的同时，也使他们陷于需要救济的赤贫境地。为了维持资本主义生产方式的生产与再生产，资本家采取一定措施降低社会风险，救济处于赤贫的社会阶层。这就是资本主义社会保障制度

① 《马克思恩格斯文集》第 5 卷，北京：人民出版社 2009 年版，第 522 页。

的本质。在生产资料公有制的社会主义制度条件下，社会保障的目的是实现共同富裕，促进人的自由全面发展。马克思社会保障思想“虽然不完全等同于现代西方社会保障概念，但是已经包含了工业社会条件下社会保障中社会救济、社会风险、社会福利以及保险等重要内容，它是根据当时的社会生产力发展状况来阐述的”①。马克思深刻阐述了关于社会保障的思想，极大丰富和深化了社会保障的理论体系，成为社会保障体系的重要组成部分。纵观马克思关于社会保障的思想，不难发现，“公平”贯穿始终，是其主要特征。

第一，马克思从社会再生产理论出发，阐述了社会保障对于社会再生产的重要意义。社会再生产理论是马克思社会保障思想的重要基石。社会化大生产加大劳动者遭遇工伤、疾病、失业等意外风险的概率，影响社会再生产和劳动者生活的提高。“大工业在瓦解旧家庭制度的经济基础以及与之相适应的家庭劳动的同时，也瓦解了旧的家庭关系本身。”② 由于社会化大生产带来的社会风险在资本主义生产方式下不可能得到根本解决，必须要通过社会保障形式降低社会风险。在一个社会的经济运行和社会发展的进程中，社会保障发挥着重要的作用，其原因在于社会保障为社会物质资料再生产的顺利进行和社会的稳定发展提供了坚实的前提条件和物质基础。而社会的稳定持续发展首先离不开完整的社会保障体系，只有在扣除社会保障的费用以后，才能谈得上按劳分配。在马克思看来，在国民收入两次大的分配中都有社会保障的份额。国民收入的初次分配主要包括消耗资料的补偿、生产的追加、社会保险基金三个方面的内容，其中社会保险基金是社会保障的重要组成方面；国民收入再次分配主要包括管理费用、公用支出、救济支出三个方面的内容，其中救济支出是社会保障的重要组成方面。马克思认为，社会保险基金和救济支出被直接列为国民收入的两次分配环节之中，并且占有相当大的比重，体现了国民收入公正分配的伦

① 梅哲：《构建社会主义和谐社会中的社会保障问题研究》，北京：社会科学出版社 2007 年版，第 1 页。

② 马克思：《资本论》第 3 卷，北京：人民出版社 1975 年版，第 536 页。

理要求。特别地，任何有意义的劳动都必须在社会中进行，而社会是由诸多构成，社会中的人在他人创造社会财富之时，得到潜在的或是直接的辅助或是帮助，所有的劳动产品都应该属于全体人共有，因此应该公平分配国民收入。也就说，在国民收入的两次分配过程中，社会保障应该发挥保障基本民生的作用，必须将社会保障平等地赋予每个公民，在此基础上才能进行按劳分配；否则按劳分配就会沦为不平等的起源。对此，马克思特别强调："劳动是一切财富和一切文化的泉源，而因为有益的劳动只有在社会里和通过社会才是可能的，所以劳动所得应当不折不扣和按照平等的权利属于社会一切成员。"① 与此同时，马克思清醒地认识到，资本主义生产方式下的社会保障仅仅是资本力量薄弱时的"拐杖"，对于维护劳动者权益的作用则是有限的，资本家"一旦资本感到自己已强大起来，它就抛开这种拐杖，按它自己的规律运动"。②

第二，通过社会保障制度以达到实现社会公平和社会安全的目的。社会保障制度是一个国家公民自由选择下的产物，是可以构建一种再分配的、可以实现社会政策；特别地，无论是基于什么样的前提条件或者理由，由于社会保障制度是由于公民自由选择的产物，其都会产生一定的约束力，并消除社会保障过程中实现社会公平和社会安全可能存在的隔阂。

通过对现代社会保障出现之前社会保障"慈善"形式以及资本主义早期的社会保障"官办济贫"形式的分析，马克思发现，社会保障具有"分摊风险"和"补偿损失"两项主要功能。在资本主义生产方式下，"补偿风险的保险费，只是把资本家的损失平均分摊，或者说，更普遍地在整个资本家阶级中分摊。……保险费以一部分剩余价值支付；剩余价值在资本家之间的分配和剩余价值的保险，跟剩余价值的来源和数量无关。"③ 也就是说，社会保障就是把个人的风险或损失分摊到整个社会，由全社会共同来承担。因此，社会保障"分摊风险"和"补偿损失"两项基本功能，可

① 《马克思恩格斯全集》第 25 卷，北京：人民出版社 2001 年版，第 19 页。

② 《马克思恩格斯全集》第 46 卷下，北京：人民出版社 1986 年版，第 160 页。

③ 《马克思恩格斯全集》第 26 卷三，北京：人民出版社 2004 年版，第 393-394 页。

以实现一切社会生产方式下生产和再生产的顺利进行。与此同时，在现实生活中，个人具有包括自然需要、社会需要、经济需要和精神需要等诸多方面的需要，并表现出从低到高的发展层次，只有在低层次的需要获得相对满足之后，才能发展到较高层次的需要。作为最基本需要的社会保障，也是一个人最合理的需要。“社会生产力的发展将如此迅速……生产将以所有人的富裕为目的。”① 马克思这里所强调的“所有人的富裕”就是建立在最基本需要的社会保障基础之上的共同富裕。在此基础上，马克思特别主张由二次分配的社会保障来实现社会主义的必要性。他认为，一个国家和政府如果不采取相应措施削减公民的经济穷困，将有可能产生在道德上同一个国家或政府不能维持社会秩序和法律安全的相同后果。因此，将相对于国家法律之外的社会保障制度作为实现社会公平和社会安全的重要社会政策，无疑具有重要意义。这一观点，马克思之后的思想家罗尔斯对此表示高度赞同：“将某一具体福利要素归纳至正义理论而不违背民主自由主义的自由原则是可以实现的。”②

第三，社会保障的运行过程和目标要遵循公平适度的原则，这也是社会保障得以可持续性发展的重要保证。社会保障的发展史表明，其已成为一项社会成员所享有的基础权利，当然其价值取向应该是公平的。这可以从社会保障制度的保障范围（不因其性别、职业、民族、地位等因素不同而不同）、主要目标（通过调节收入差距来实现分配上的公平）、保障过程（保证公民基本社会生活来源安全）等要素可以体现出来；与此同时，通过社会保障基金的给付来调节收入差距，进一步缩小了社会成员发展结果的不公平。因此，社会保障具有与生俱来的追求公平的价值取向。

在此基础上，通过对资本主义生产方式运行过程和规律的分析，把社会总产品扣除两次分配过程中的部分（国民收入初次分配扣除包括用来应付不幸事故、自然灾害等的后备基金或保险基金的部分；国民收入二次分配扣除包括满足社会成员的共同需要的国民教育、卫生保健、养老和公共

① 《马克思恩格斯全集》第46卷下，北京：人民出版社1980年版，第222页。

② 约翰·罗尔斯：《正义论》，何怀宏等译，北京：中国社会科学出版社1988年版，第23页。

福利设施以及属于为丧失劳动能力的人设立的社会救济金等在内的部分）和按劳分配思想有机结合起来，马克思提出了社会保障必须遵循分配的公平适度原则。“生产者的权利同他们提供的劳动成比例的；平等就在于以同一尺度——劳动——来计算。”① 与此同时，针对在按劳分配过程中存在着事实上不平等的现象，“这种平等的权利，对不平等的劳动来说是不平等的权利”。马克思认为，在社会总产品两次分配过程中对于社会保障基金的扣除，“在经济上是必要的；至于扣除多少，应根据现有的物资和力量来确定，部分地应当根据概率计算来确定，但是这些扣除无论如何根据公平原则是无法计算的。”② 也就是说，在社会总产品两次分配过程中扣除的社会保障基金的规模和数量，取决于社会保障物资供应量和剩余产品价值量这两大因素，但从根本上来说，取决于当时代的社会生产力的发展水平。即使到了社会主义社会，这种事实上的不平等的现象会仍然存在着，这是由于社会主义社会“生产力水平还比较低下，产品还不够丰富，产品必须按劳分配而难以做到按需分配”③。要最大限度地削弱“在按劳分配过程中存在着事实上的不平等的现象”，最大限度地实现社会公平，这就要求“每个生产者，在做了各项扣除以后，从社会领回的，正好是他给予社会的。他给予社会的，就是他个人的劳动量”④。因此，社会保障分配要遵循适度的原则，既要使社会保障的价值和功能得以体现，又不能阻碍或损害社会生产力的发展。

第四，社会保障的目标是实现社会公平。公平正义思想不仅是人类社会永恒的价值追求，也是马克思主义重要组成部分。资产阶级公平正义观在历史上曾起到一定的进步作用，但其在形式上公正的表象之下蕴藏着实质上的不公正，其根源于生产资料资本主义私人占有制以及以此为基础的资本主义经济政治结构。对此，马克思用剩余价值学说揭露了工人创造的

① 《马克思恩格斯全集》第 3 卷，北京：人民出版社 2009 年版，第 453 页。

② 《马克思恩格斯文集》第 3 卷，北京：人民出版社 2009 年版，第 433 页。

③ 《马克思恩格斯文集》第 3 卷，北京：人民出版社 2009 年版，第 453 页。

④ 《马克思恩格斯文集》第 3 卷，北京：人民出版社 2009 年版，第 454 页。

剩余价值被资本家无偿占有的事实真相，说明了资本主义社会是一个不公平正义的社会，“工人生产的财富越多，他的产品的力量和数量越大，他就越贫穷。工人创造的商品越多，他就越变成廉价的商品。物的世界的增殖同人的世界的贬值成正比。”① 由此，马克思提出了判断社会公平正义的三个标准：一是看生产领域是否正义。生产领域正义是经济活动的关键，也是交换正义、分配正义和消费正义的基本前提。“生产者的权利是同他们提供的劳动成比例的；平等就在于以同一尺度——劳动——来计量。但是，一个人在体力或智力上胜过另一个人，因此在同一时间内提供较多的劳动，或者能够劳动较长的时间；而劳动，要当作尺度来用，就必须按照它的时间或强度来确定，不然它就不称其为尺度了。”② 二是看社会制度与生产方式是否一致。马克思认为，只有社会制度与生产方式相一致，社会才可能实现公平正义，“这个内容，只要与生产方式相适应，相一致，就是正义的；只要与生产方式相矛盾，就是非正义的。”③ 三是每个人能否得到全面自由的发展，代替“资产阶级旧社会的，将是这样一个联合体，在那里，每个人的自由发展是一切人的自由发展的条件”④，即共产主义社会。

社会保障的终极目标就是通过调节收入差距来实现和维护社会公平，显然，劳动者所得不可能是自己全部劳动所得，在进行个人分配之前，必须进行部分扣除用于补偿和分摊劳动者和弱势群体的意外风险，缓和社会矛盾，维护社会公平。

二、西方经济学者的社会保障理论

社会保障制度的产生和发展始终与经济理论的发展结合在一起，社会保障理论虽然不是经济学所能够全部涵盖的，但也部分地直接体现在经济

① 《马克思恩格斯全集》第42卷，北京：人民出版社1979年版，第90页。
② 《马克思恩格斯选集》第3卷，北京：人民出版社1995年版，第304-305页。
③ 《马克思恩格斯全集》第46卷，北京：人民出版社1995年版，第379页。
④ 《马克思恩格斯选集》第1卷，北京：人民出版社1995年版，第294页。

学体系之中。经济学界各个流派的兴衰不仅记录了经济理论的发展，也渗透了社会保障制度的建立与发展的轨迹。[①] 在社会保障制度形成和完善的过程中，西方经济学者关于社会保障的理论对其产生了重要推动作用。

现代意义下的社会保障出现之前，社会保障主要是以个人或宗教慈善的形式出现，而由政府和社会组织的社会保障极少。原因在于有一些学者认为，在社会保障发展过程中，个体利益与社会福利是相互排斥的。福利国家经济学者米尔顿·弗里德曼（Milton Friedman，1912—2006）指责福利国家这种保障形式剥夺中产阶级财产，抹灭穷人的节俭和自立，扩张政府权力，削弱个人自由。[②] 对此，英国古典经济学家亚当·斯密（Adam Smith，1723—1790）认为，个体利益与社会福利之间并不存在着相互排斥的利益关系。他在《国民财富的性质及其原因的研究》中强调：通过市场（“看不见的手”）推动个体利益和社会福利的共同增长，可以达到社会整体福利水平提高的目的。[③] 英国福利经济学家庇古（Arthur Cecil Pigou，1877—1959）从边际效用这一角度论证了个体利益与社会福利的共荣性。庇古认为，个体利益越丰厚，其收入效用就会越小。也就是说，随着个体利益的增加，其边际效用是递减的；但从整个社会的福利角度来看，在不改变国民总收入的情况下，提高个体的福利收入将提高整个社会的福利水平。[④]

庇古的这一观点得到了后世经济学者的支持。美国学者 Kotlikoff 认为，人们为了躲避生活中的各种风险和不确定性会增加经济福利，并可能会导致“逆向选择”和“道德风险”。这就需要政府提供切实性的社会保障，提升整体的社会福利。[⑤] 经济学家 Diamond 认为，政府建立一定水平的社会保障可以避免个人、家庭在消费过程中的风险和不确定性行为，帮助家

---

① 郑岩：《西方社会保障思想的经济学脉络分析》，《经济师》2011 年第 4 期。

② M. Friedman，Free to Choose，New York，N，Y. Avon Books，1980，pp. 125-127.

③ Adam Smith. An inquiry into the nature and causes of the wealth of nations. China social science publishing house. Reprinted from the english edition by methuen，1930，pp. 69-71.

④ 庇古：《福利经济学》，北京：华夏出版社 2007 年版，第 13-14 页。

⑤ Kotlikoff，L. J. A. The effect of annuity insurance on savings and inequality. Journal of labor economics，1986，pp. 183-207.

庭和个人进行最优选择。① Allen Winkler 认为，社会保障制度的实施离不开政府的大力支持，而政府对社会保障的财政支持具有重要意义。② 尼古拉斯·巴尔认为，在社会保障制度建设过程中，政府在政策方面支持的持续性、特别是在财政支持上的可持续性，是非常重要的，且这要求与经济增长保持一致性。③ 在此基础上，Alan Auerbach 和 Laurence Kotlikoff 的模拟世代交叠动态 CGE 模型（A-K 模型）定量地验证了政府在社会保障中发挥作用的效应的强弱。A-K 模型以美国现行的 OASDI（Old-Age and Survivors and Disability Insurance，老年、遗属及残疾保险）制度为模拟对象，其结论是如果将社会保障税由 12.4%提高至 14.6%，则美国的养老保险赤字将在 75 年内达到平衡。④

福利国家理论兴起于 19 世纪中后期，最早时是希望解决工业革命带来的贫困和失业问题，其代表人物“福利经济学之父”庇古认为：“政府要对富人收税，来补贴穷人，增加社会公平和福利。”⑤ 第二次世界大战后，福利国家理论开始把国家看作为全体国民谋求福利的工具，学者约翰·梅纳德·凯恩斯提出，政府要建立“普惠型”的社会保障制度。⑥ 著名的英国经济学家贝弗里奇在他的报告中提出了“福利国家”的建立应该遵从三个原则：（1）普享性，即社会保障要覆盖所有公民；（2）统一性，即社会保障制度的各项标准要统一；（3）均一性，即每个人都会享受到政府的补

① Diamond，P. A. A framework for social security analysis. Journal of public economics，1977，pp. 57-74.

② Allen Walker. Sharing horgtrem care between the family perspective. Who should care for the elderly singapore and the state—A European University Press. 2000，p. 241.

③ 尼古拉斯·巴尔：《养老金改革的真实情况》，北京：中国财政经济出版社 2001 年版，第 8-9 页。

④ 陈平路、陈遥根：《养老保险体系中的 Auerbach-Kotlikoff 模型》，《统计与决策》2007 年第 22 期。

⑤ A. C. PigouThe Eeonomies of welfare. London：Macmizan，2002，pp. 38-44.

⑥ John Maynard Keynes. The general theory of employment，interest and money，London：Palgrave Macmillan，1996，pp. 378-379.

贴。[①] 值得指出的是，贝弗里奇认为，社会保障的建立是国家责任和个人责任的统一，两者积极合作，不能忽视个人在社会保障中的力量，同时，国家建立的社会保障水平要适度，给个人储蓄留下空间。根据福利国家理论，公民享受社会福利，是公民的权利，也是国家的义务，国家应该担当起为公民提供生活保障的责任。农村居民养老保险制度是为了保障农村老年人的基本生活，我国理应把它作为一项责任来承担。但是我们也应该警惕福利国家思想带来的如通货膨胀、政府财政赤字等弊端。

在消费与社会保障的关系问题上，西方经济学者也极为关注。美国著名经济学家米尔顿·弗里德曼认为，劳动者关注永久收入比当前收入更有意义；只有这样，才能保证在退出劳动市场、失去了劳动收入来源后，生活不至于陷入困境。[②] 詹姆斯·杜森贝里（James Stemble Duesenberry，1918—2009）认为，家庭和个人消费是社会竞争的一种方式；经过竞争后，被放入储蓄中的多余收入会成为社会保障的重要部分。[③] 西方其他经济学者如保罗·萨缪尔森（Paul A. Samuelson，1915—2009）的世代交替模型[④]、莫迪利亚尼和布伦伯格（FrancoModigliani&R. Brumberg）的生命周期假说[⑤]对社会保障理论的形成和发展也做出重要的贡献。

关于社会养老保险金筹集方式的理论，众多学者和机构尽其所能，从不同角度、不同方面对其进行研究和构建。在现代社会养老保险理论的发展史上，由英国著名学者威廉·亨利·贝弗里奇（William Heony Beveridge，1879—1963）主持的研究报告“社会保险及相关服务”（Social Insurance

---

① William an Beardmore Beveridge. The Beveridge report. London press，1995，pp. 3-6.

② Milton Friedman. A theory of the consumption function. Preconception knivevarsity press，1957，pp. 34-38.

③ 詹姆斯·杜森贝里：《收入、储蓄和消费行为理论》，上海：上海人民出版社 1998 年版，第 11-15 页。

④ Samuelson，P. An exact consumption-loan models of interest with or without the social contrivance of money. Journal of political economics，1958，pp. 467-471.

⑤ Modiglian，F. Brumberg，R. Utility analysis and the consumption function：An interpretation of cross-section data. New Brunswick NJ：Rutgers University Press，1979，p45.

and Allied Services，一般称为“贝弗里奇报告”）可以说具有划时代的意义。该研究报告在检讨英国数百年以来社会保障制度成就和弊端的基础上，构建了第二次世界大战后社会保障和社会福利制度的基本框架①，从而奠定了第二次世界大战后英国以及整个西欧“福利国家”制度的蓝图，甚至对包括美国在内的经济发达国家和包括墨西哥在内的发展中国家的社会养老保险制度的制定都产生了重要影响。② 一直致力于多支柱养老金制度改革模式研究和探索的世界银行（World Bank），在总结“贝弗里奇报告”以及其他学者和机构社会养老保险理论经验教训的基础上，分别于 1994 年 10 月、2005 年 12 月发表了《防止老年危机——保护老年人及促进增长的政策》（Averting the Old Age Crisis：Protection of the elderly and to promote the growth of policy）和《21 世纪老年所得资助——养老金制度改革的国际比较》（Old -Age Income Support in the 21st Century：International Comparison of Pension System Reform）的研究报告，提出了“三支柱”“五支柱”社会养老保险制度改革模式，认为“一个更为分散化的退化收入保障模式是必要的，而且更为广泛的退休收入来源也有助于降低未来收入损失的风险”。

三、社会主义社会公平正义理论

社会公平正义是指社会政治、经济、文化、社会等方面的权利和利益在全体社会成员之间合理且平等地分配。在人类社会发展的整个历史进程中，始终贯穿着人们对社会公平和正义的向往。古希腊时期苏格拉底“守法就是正义”③ 和柏拉图“正义是心灵的德行，不正义是心灵的邪恶”④ 的

---

① 《贝弗里奇报告》建议社会保障计划应该包括：社会保险——满足居民的基本需要；社会救济——满足居民在特殊情况下的需要；自愿保险——满足那些收入较多的居民的较高的需要。《报告》还提出了六条原则：基本生活资料补贴标准一致的原则；保险费一致的原则；补助必须充分的原则；全面和普遍的原则（社会保障应覆盖全体居民并包括他们不同的保障的需要）；管理责任统一的原则；区别对待的原则。

② 关信平：《西方“福利国家之父”——贝弗里奇：兼论〈贝弗里奇报告〉的诞生和影响》，《社会学研究》1993 年第 6 期。

③ 色诺芬：《回忆苏格拉底》，北京：商务印书馆 1984 年版，第 164 页。

④ 柏拉图：《理想国》，北京：商务印书馆 1986 年版，第 42 页。

思想就是这一时期人们对于社会公平正义思想的追求。特别地，亚里士多德还看到了公平正义对于整个社会的重要作用，他认为："城邦以正义为原则。由正义衍生的礼法，可凭以判断（人间的）是非曲直，正义恰正是树立社会秩序的基础。"①进入近代资本主义时期后，公平正义成为社会契约论的重要基础。对此，卢梭认为，正义就是人民主权、社会契约，公意永远代表正义，"公意永远是公正的，而且永远以公共利益为依归。"②正如罗尔斯所说："正义是社会制度的首要价值，正像真理是思想体系的首要价值意义。"③对此，党的十八大特别强调："公平正义是中国特色社会主义的内在要求。必须坚持维护社会公平正义。"社会保障是社会公平正义状况的"晴雨表"，也是社会公正质量和水平的集中体现与重要标志。只有切实做到社会保障方面的公平，才能使社会公平正义实现起点公平、过程公平与结果公平的统一，才能使社会公平正义建立在可靠的社会基础之上，实现真正的社会公平正义。社会保障是保障人民生活、调节社会分配的一项基本制度。

西方最早研究社会公平的学者是英国的杰里米·边沁（Jeremy Bentham，1748—1832，英国的法理学家、功利主义哲学家、经济学家和社会改革者），他提出"国家要实现社会大多数人的利益"的观点，尤其是他提出的"最大幸福原则"，主张社会要追求大多数人的利益，要摆脱功利主义，提倡社会公平。美国学者罗尔斯（1921—2002年，美国政治哲学家、伦理学家）提出，社会制度的首要价值是正义，社会制度要坚持平等自由的原则，使每个公民都享有平等自由的权利。④中华人民共和国成立后，我国政府一直致力于社会公平的建立，产生了很多社会公平的政治理论。1953年，《中共中央关于发展农村生产合作社的决议》指出：要使农民逐步摆脱贫困生活，实现共同富裕和普遍繁荣。1982年，党的十二大提

① 亚里士多德：《政治学》，北京：商务印书馆1965年版，第9页。

② 卢梭：《社会契约论》，北京：商务印书馆2005年版，第35页。

③ ［美］约翰·罗尔斯：《正义论》，何怀宏等译，北京：中国社会科学出版社2001年版，第2页。

④ John Bordley Rawls. A Theory of Justice. Harvard University Press 198[illegible], p. 1.

出“社会主义的本质是解放生产力、发展生产力，实现共同富裕。”2007年，党的十七大中明确提出“实现社会公平是中国共产党的一贯主张，也是中国特色社会主义的重大任务”。在此基础上，党的十八大提出了“统筹推进城乡社会保障体系建设”的目标，即“要坚持全覆盖、保基本、多层次、可持续方针，以增强公平性、适应流动性、保证可持续性为重点，全面建成覆盖城乡居民的社会保障体系。改革和完善企业和机关事业单位社会保险制度，整合城乡居民基本养老保险和基本医疗保险制度，逐步做实养老保险个人账户，实现基础养老金全国统筹，建立兼顾各类人员的社会保障待遇确定机制和正常调整机制。扩大社会保障基金筹资渠道，建立社会保险基金投资运营制度，确保基金安全和保值增值”。在此基础上，党的十八届三中全会又提出了“建立更加公平可持续的社会保障制度”的目标，即“坚持社会统筹和个人账户相结合的基本养老保险制度；推进机关事业单位养老保险制度改革；整合城乡居民基本养老保险制度、基本医疗保险制度；推进城乡最低生活保障制度统筹发展”。党的十八届五中全会进一步提出了更高的目标，即“建立更加公平更可持续的社会保障制度，实施全民参保计划，实现职工基础养老金全国统筹，划转部分国有资本充实社保基金，全面实施城乡居民大病保险制度”。党的十九大报告强调，要从“完善城镇职工基本养老保险和城乡居民基本养老保险制度，尽快实现养老保险全国统筹；完善统一的城乡居民基本医疗保险制度和大病保险制度；完善失业、工伤保险制度；统筹城乡社会救助体系，完善最低生活保障制度；完善社会救助、社会福利、慈善事业、优抚安置等制度”等方面“加强社会保障体系建设”。党的十四届九中全会《关于坚持和完善中国特色社会主义制度推进国家治理体系和治理能力现代化若干重大问题的决定》强调，“必须健全幼有所育、学有所教、劳有所得、病有所医、老有所养、住有所居、弱有所扶等方面国家基本公共服务制度体系，尽力而为，量力而行，注重加强普惠性、基础性、兜底性民生建设，保障群众基本生活。”“坚持应保尽保原则，健全统筹城乡、可持续的基本养老保险制度、基本医疗保险制度，稳步提高保障水平。加快建立基本养老保险全国统筹制度。”

第三节 文献研究述评

社会保障已成为新一届中央领导集体作为关乎基本民生问题和国家长治久安的重大制度性安排。完善社会保障调节收入再分配政策体系建设成为我国社会保障制度建设的重要内容。对此，党的十八大、十八届三中全会、十八届五中全会都强调，要进一步加大“健全完善以税收、社会保障、转移支付为主要手段的再分配调节机制”。党的十九大报告强调，要“按照兜底线、织密网、建机制的要求，全面建成覆盖全民、城乡统筹、权责清晰、保障适度、可持续的多层次社会保障体系”。但是，一段时期以来，我国收入分配差距持续扩大业已成为不争的事实，并成为社会各界普遍关注的热点问题。导致收入分配差距持续扩大的原因是多方面的，但作为关乎基本民生和国家长治久安重大制度安排的社会保障制度的不健全和不公平且对于调节收入再分配效应不明显是其中重要原因。作为一个重大的经济、政治和社会议题，社会保障调节收入再分配效应及其政策体系完善问题广泛地吸引了学界的注意力。其研究议题、研究内容主要有以下几个方面。

一、国外文献研究成果

关于社会保障与收入分配关系的论述，可以追溯到古典政治经济学的创始人亚当·斯密，但是他的主张是反对通过社会保障进行政府干预，主张通过“无形的手”也就是市场机制来调节社会分配，进而实现整个社会的资源配置。后来随着西方资本主义由自由竞争走向垄断，社会矛盾日益深化，催生了以庇古为代表的旧福利经济学派的发展，他在阐述福利经济学中关于福利与国民分配的关系中指出：通过向富人征收庇古税为穷人提供失业保险、社会救济和价格补贴等从而提高全社会成员的福利总水平。[①]

① 唐满：《初次分配、社会保障分配再调节对城乡收入差距的影响》，中国海洋大学学位论文，2015 年。

后来以希克斯、萨缪尔森等为代表的新福利经济学认为，通过社会保障进行收入再分配可以实现帕累托改进，从而增加社会总效用。[①] 20 世纪 30 年代，英国经济学家凯恩斯主张通过财政政策和扩大社会福利来进行收入再分配，也就是有名的“国家干预理论”，由此推动着世界范围内的社会保障制度建立和发展。[②] 现在主要流行的两种社会保障调节收入分配理论，分别是马克思主义经济学和西方经济学关于社会保障调节收入分配的理论分析。马克思认为，资本主义国际实施社会救济是对国民收入的一种再分配和调节，是资本主义生产方式得以存在的基础条件。在谈到社会主义分配时，马克思明确提出，社会保障的基金需要通过国民收入的分配与再分配来建立，而且论证了社会主义社会保险基金是社会总产品的扣除。综合来说，马克思主义经济学认为，社会保障制度的实质是国民收入的适度再分配。而西方经济学中的流派众多，其中就包括上述所提到的福利经济学派和凯恩斯学派，此外还有德国历史学派、瑞典学派和新剑桥学派。不同的学派从不同的角度对社会保障问题进行理论阐述，形成西方社会保障理论。两者理论有相同点也有不同点，简单概括来说，两者都认为社会保障调节收入分配是工业化的客观要求；同时都认为是市场化、社会化的客观要求；也是政府的一项基本职能和维护社会稳定的客观要求。两者的不同在于二者在社会保障调节收入分配的研究方法、研究深度是不同的，同时，两者对社会保障调节收入分配的出发点持有不同的看法。

在现有的研究结果方面，国外研究结果大多表明社会保障具有显著的缩小居民收入分配差距的作用。如 Rune Ervik 使用的数据中可以看出，瑞典调节收入分配差距基本上是靠社会保障来实施，其所起的作用高达 80.0%以上，而税收所起的作用只占 10.0%左右。德国的社会保障调节收入分配差距的作用要比税收显著，只有个别年份例外。美国调节收入分配差距

① 高文书：《社会保障对收入分配差距的调节效应——基于陕西省宝鸡市住户调查数据的实证研究》，《社会保障研究》2012 年第 4 期。

② 高霖宇：《发达国家社会保障水平与收入分配差距关系及对中国的启示》，《地方财政研究》2011 年第 7 期。

更多地依赖于税收，当然社会保障所起的作用也非常突出，美国的基尼系数下降的过程中社会保障的贡献高达40.0%以上。David Jesuit 及 Vincent Mahler 在2004年根据LIS数据对13个发达国家1980—2000年的财政再分配进行对比研究后发现发达国家社会保障调节收入分配差距的作用要大于税收。Mazzaferro C and Toso S分析了意大利的社会保障财富分配状况，发现社会保障财富对于居民财富分配影响甚大，有些年份社会保障财富占总财富的一半以上；而且，低收入居民的社保财富占比相对于高收入要更高。Glomm 和 Kaganovich 在探究政府用于公共教育和社会保障两大公共项目的资金水平与经济增长、收入不平等之间的关系时，发现经济增长不会因为政府在社会保障项目上支出增加而受到影响，而且收入不均问题会因此而减小。

社会保障调节分配也存在着一定的局限性，尤其是对于福利国家而言，越来越多的证据表明，济贫传统和社会救助都在明显地导致社会分层化，它通过惩罚受助者来推进社会两极分化的局面。Alvin L. Schorr 曾指出美国的社会保险制度使越来越多的贫困者依赖于家计调查的社会救助，而非贫困者则依赖于非家计调查的社会保险，从而呈现出“二元结构”的特点。此外，在德国，社会保障具有浓厚的职业特征，通过失业计划等鼓励劳动生产率低的职工退出劳动力市场，固化了职业分层。除了以上的固化和分层以外，社会保障对于不同收入水平群体的在分配效应同样存在分层的特征，Howe and Longman 指出50.0%以上的美国联邦政府转移和税收支付受益于月收入超3万美元的家庭，是政府关于减贫财政支出的两倍多。此外，Thomas Crombie Schelling 认为社会保障制度过于参与了国民收入的在分配，他认为这种过度的参与导致被保障者惰性增加，从而会阻碍经济的发展，甚至会出现各利益集团的扭曲较量导致真正的弱势群体未得到应有的救助，进而导致收入分配的不公。Gottschalk P，Smeeding T M. 通过使用社会保障支出占GDP（国内生产总值）的比重分析20世纪80年代社会保障相关政策变化对收入差距的影响，发现虽然政府在公共支出中，现金支付水平的提高并未出现缩小收入差距的作用，但大多数国家分配不均等程度的增加，似乎也并不与社会总开支水平的减少有关。Atkinsonet al 在研究中还发现，因为福利国家的相关社会保障制度的大肆改革而降低的公共支出会加剧一个国家收入中的不公平程度。谢勇才、杨斌利用《广东统计年鉴》中的转移性收入数据，从社会保障调节农村居民收入分配的效果、人均社会保障收入占人均纯收入的比重以及各收入户社会保障收入增速三个方面剖析了社会保障对农村居民收入分配差距的影响。研究发现，由于财政对社会保障的投入不足、社会保障制度覆盖面偏低和社会保障目标瞄准存在偏差等原因，社会保障进一步拉大了农村居民收入分配差距。① 特别地，较高的社会保障水平也在相当程度上削弱了企业的市场竞争力，降低了经济效益。研究显示，法国、德国、日本等发达国家的社会保障费用超过了雇员平均工资的 20.0%；2000 年以后，这些国家的失业率一般保持在 7.0%②，随着世界经济一体化的不断深入，市场竞争日趋激烈，过高的社会保障可能使雇主对劳动力的需要降低，进而对社会稳定产生不利影响。

在研究社会保障调节收入再分配的实证方法上，国外多采用微观的入户调查，通过对比研究对象的年度收入和终身收入来分析社会保障对收入分配的调节作用。如 Julia Lynn Coronado 等以研究对象的年度收入和终身收入为基础数据，把基尼系数作为分析指标，从而考察收入在社会保障的调节下从富人转移到穷人的程度；Gglles Le Garrec 在 2012 年根据波拉斯生命周期模型，检验养老金制度对收入不平等程度的影响。对于国外社会保障能够真正发挥收入分配的调节作用可以归结为这几点：一是国外社会保障的保障重点突出，对于低收入者的保障支出占比高，从而起到了调节收入再分配的作用；二是国外的社会保障制度价值取向追求的是公平正义，如美国、瑞典等国家，都制定和实施了一系列旨在覆盖全体公民且无差别的福利和服务，最大限度地发挥了社会保障维护公平正义的作用。三是国外发达国家的社会保障支出水平较高，发达国家社会保障的支出占 GDP 的 20.0%甚

① 谢勇才、杨斌：《社会保障拉大了农村居民收入分配差距吗——广东省的经验证据（2002—2012）》，《广东财经大学学报》2015 年第 2 期。

② Global Employment Trend Brief，2007.

至是30.0%以上，占国家财政支出的比重普遍在35.0%甚至是45.0%以上。

二、国内文献研究成果

国内学界关于社会保障调节收入分配效应的研究始于20世纪90年代初期。研究的内容主要集中在社会保障的制度实施是否缩小或者拉大了城乡之间的收入分配，以及城镇内部收入分配差距、农村内部的收入分配差距，其中财政社会保障支出对城乡居民收入分配差距的影响是研究问题的主流。就此问题，国内的许多学者从不同的角度运用不同的方法进行了广泛的研究。从研究的结论来看，主要是分析社会保障调节收入再分配的效应是正向还是负向。基于这些研究观点和运用的相关研究方法，本文将国内学者对社会保障调节收入再分配的文献进行梳理，分别从以下几个方面进行归纳。

第一，国内关于社会保障调节收入分配研究的文献显示，社会保障对居民收入分配的调节多属于“逆向”调节，也就是拉大了居民间的收入分配，这显然与社会保障制度的本质和历史使命不符。在社会保障对收入分配存在“逆向”调节的研究中，一是关于我国现行的社会保障制度对居民收入分配的“逆向”影响。张车伟①、李金昌、程于明②、陶纪坤③、施晓琳④、郑功成⑤等研究认为社会保障体系的分割、分治局面，其具体表现为城乡之间、地区之间的社会保障水平的差距明显，这种保障水平的差距造成的结果便是进一步扩大了城乡间收入的差距，因此这种基于二元经济体制建立的且带有城市偏向性的社会保障制度本身存在不公。金双华利用洛伦兹曲线和基尼系数分析了社会保障制度对不同阶层群体收入的影响，研究表明，不同类型的社会保障项目对不同收入阶层的影响也是不同的。⑥

---

① 张车伟：《中国的劳动与社会保障问题评介》，《中国工业经济》2005年第5期。

② 李金昌、程开明：《中国城市化与经济增长的动态计量分析》，《财经研究》2006年第9期。

③ 陶纪坤：《社会保障制度与城乡收入差距》，《兰州学刊》2008年第12期。

④ 施晓琳：《我国城乡居民收入差距与社会保障制度的完善》，《生产力研究》2009年第11期。

⑤ 郑功成：《收入分配改革与中国社会保障发展战略》，《中国社会保障》2010年第10期。

⑥ 金双华：《现行社会保障制度对不同阶层收入影响的实证分析》《经济社会体制比较》2012年第1期。

二是社会保障的支出规模对居民收入分配存在“逆向”作用。葛延风①、香伶②、唐钧③认为我国财政社会保障的支出规模不足，水平偏低造成收入分配逆向调节的直接原因。李智在研究社会保障支出对城乡居民收入差距的影响中发现，社会保障支出的增长并没有缩小城乡之间的收入差距，反而加剧了收入差距。④ 王增文、何冬梅以江苏省的 13 个市为例，考察社会保障支出对居民收入差距的调节效应，研究发现，整体上看，社会保障的支出实际上加剧了不同群体之间的收入差距，这种差距在经济较为落后的地区更为明显。⑤ 三是社会保障支出结构的不合理造成居民收入分配的“逆向”调节。柯卉兵⑥、彭海燕运用 GINI 系数分解法，认为社会保障补助支出的比重远远高于其他的项目，这样就会导致社会保障补助性支出成为影响社会保障总体差异的主要因素。邓旋利用 1995—2009 年中国省级面板数据进行的实证研究中显示，在养老保障方面，城镇居民享受更多的政府提供的隐形福利，农村居民则排除在这些利益之外，在养老保障支出方面扩大了城乡间的收入。⑦ 高文书认为相关的社会救助制度很难发挥出调节居民收入分配的作用，如最低生活保障制度，对收入分配调节的作用十分有限。⑧ 四是社会保障支出的区域差异性对居民收入分配存在“逆向”调节作用。赵福昌认为经济发达地区的市场就业率高，人口结构也较为年轻，因此社会保障的负担较轻，而经济发展贫困的地区就业率低，社会保

① 葛延风：《社会保障制度存在的突出问题》，《理论参考》2007 年第 4 期。

② 香伶：《关于养老保险体制中再分配累退效应的几个问题》，《福建论坛》2007 年第 1 期。

③ 唐钧：《社会保障会缩小贫富差距吗》，《中国社会保障》2010 年第 5 期。

④ 李智：《社会保障支出对城乡居民收入差距的影响》，《当代经济》2011 年第 10 期。

⑤ 王增文、何冬梅：《社会保障支出对居民收入影响机制分析——基于江苏省 13 市面板数据的收敛分析》，《华东经济管理》2014 年第 12 期。

⑥ 柯卉兵：《我国社会保障财政支出地区差异与转移支付问题研究》，《地方财政研究》2007 年第 12 期。

⑦ 邓旋：《财政支出规模、结构与城乡收入不平等——基于中国省级面板数据的实证分析》，《经济评论》2011 年第 4 期。

⑧ 高文书：《社会保障对收入分配差距的调节效应——基于陕西省宝鸡市住户调查数据的实证研究》，《社会保障研究》2012 年第 4 期。

障的负担率高，不利于社会保障问题的解决，相反加剧了地区经济发展的差异性。[①] 吴湘玲认为社会保障支出的财政负担地区差异较大，导致部分负担重的区域政府的其他财政支出受到影响，区域之间的经济和社会福利差距扩大，进一步影响到各地区成员的收入水平。杨天宇认为经济发展水平的地区差异所决定的财政社会保障支出地区差距，是造成居民收入再分配中出现“逆向转移”的主要原因。[②] 五是社会保障收入对居民收入分配的“逆向”调节作用。如曾国安、胡晶晶认为城镇居民获得的转移性收入要远远高于农村居民，从而导致了城乡居民收入差距的继续扩大。[③] 谢勇才、杨斌以广东省为例，用不良指数为研究指标，探究社会保障对农村居民收入分配差距的调节作用，分析发现，社会保障收入增加了农村地区收入不平等程度，社会保障没有发挥调节收入分配差距的功能。[④]

第二，在国内关于社会保障调节收入再分配效应的文献研究中，也有部分学者认为社会保障对居民收入再分配中起到“正向”调节作用。杨震林、王亚柯研究表明，养老金财产对中国城镇地区企业职工家庭的财产分布产生了较大的分配效应，使得家庭财产分布的基尼系数下降了8%，家庭财产分布的不平等下降了20%。[⑤] 何立新、佐藤宏利用1995年和2002年两次城镇居民住户的调查数据对城镇居民养老保险制度的收入再分配效应进行了研究，得出的结论是：总体上，养老保险制度的再分配效应是正的，缩小了收入差距。[⑥] 黄丽运用保险精算学方法指出中山市的农村养老保

① 赵福昌：《我国社会保障制度及运行中的不公平问题分析》，《财经问题研究》2005年第6期。

② 杨天宇：《中国居民收入再分配过程中的“逆向转移”问题研究》，《统计研究》2009年第4期。

③ 曾国安、胡晶晶：《论中国城市偏向的社会保障制度与城乡居民收入差距》，《湖北经济学院学报》2015年第1期。

④ 谢勇才、杨斌：《社会保障拉大了农村居民收入分配差距吗——来自广东省的经验证据（2002-2012）》，《广东财经大学学报》2015年第2期。

⑤ 杨震林、王亚柯：《中国企业养老保险制度再分配效应的实证分析》，《中国软科学》2007年第4期。

⑥ 何立新、佐藤宏：《不同视角下的中国城镇社会保障制度与收入再分配——基于年度收入和终生收入的经验分析》，《世界经济文汇》2008年第5期。

障实现了收入从城镇居民向农村居民的转移。① 陶纪坤对不同福利国家的社会保障收入再分配的效果进行了研究，发现不同的福利模式，其社会保障的调节效果也不相同，其中福利型社会保障制度的调节收入分配差距的效果最明显，社会保险型其次，市场主导型效果最弱。② 高文书以陕西省宝鸡市为例，分析社会保障转移性收入对居民收入差距的调节作用发现，社会保障收入可以提高居民的收入水平，还能调节其差距。③ 田卫民在比较社会保障收入对不同区域群体之间的收入差距的调节作用时发现，不同年份对不同区域群体的影响有所不同，并且随着社会保障制度的逐年完善，其收入调节的作用也是逐年增强的。④

此外，也有部分学者认为我国的社会保障调节收入再分配的效应不明确、不显著，如呙玉红、申曙光、彭浩然在广东省的七大行业中分别选取具有代表性的个人，通过测算其参加基本养老保险社会统筹部分的内含报酬率和真实的缴费率，从投资汇报和成本负担两个角度反映广东省基本养老保险制度的公平性。研究发现，从内含报酬率来看，现行的制度有正向的调节作用，但是从真实的缴费率来看，现行的累退缴费机制对低收入者极为不利，因此现行的基本养老保险制度很难顺利发挥其应有的调节收入再分配的作用。⑤ 王增文、何冬梅以江苏省的13个市为例，考察社会保障支出对居民收入差距的调节效应，发现，经济较好的地方，社会保障支出缩小了居民收入差距，但是在经济较为落后的地方，社会保障支出反而增

---

① 黄丽：《中山市新型农村社会养老保险制度可持续发展研究》，西北农林科技大学学位论文，2010年。

② 陶纪坤：《西方国家社会保障制度调节收入分配差距的对比分析》，《当代经济研究》2010年第9期。

③ 高文书：《社会保障对收入分配差距的调节效应——基于陕西省宝鸡市住户调查数据的实证研究》，《社会保障研究》2012年第4期。

④ 田卫民：《转移性收入在居民收入分配中的作用——中国居民收入分配中的逆向调节机制》，《暨南学报》2015年第2期。

⑤ 呙玉红、申曙光、彭浩然：《城镇职工基本养老保险制度的公平性研究——基于广东省行业视角的分析》，《学术研究》2010年第10期。

大了居民收入差距。①

第三，在研究社会保障调节收入分配效应的研究方法上，更多的学者从统计分析逐步过渡到计量的实证分析上，数据的来源也从宏观数据开始逐步向微观数据转换，分析相关文献可以总结归纳为这几类：一是基于基尼系数法分析社会保障对居民收入再分配效应影响的文献，如陈宗胜、周云波②、高霖宇③、金双华④、李亚青⑤、田卫民⑥等通过基尼系数法，分析调节前和调节后的基尼系数的变化，得出研究结论。二是基于泰尔指数法或广义熵法分析，如黄祖辉等利用 GE 指数区域分解法分析各区域有无财政社会保障支出对缩小收入不平等的作用不大，尤其是对于缩小城乡居民收入的不平等起到相反的作用。⑦ 杨天宇运用 GE 指数及其区域分解、收入来源分解方法分析社会保障收入对居民收入差距的调节作用。⑧ 邓大松、仙蜜花以东部的 12 个省为例，利用广义熵分析社会保障在收入分配中的作用，发现农村居民社会保障收入之前的不平等指数小于社会保障收入之后的收入不平等指数，也就是社会保障拉大了农村地区的收入不平等。⑨ 三是基于实证方法分析社会保障对居民收入分配效应的影响，从研究的文献

① 王增文、何冬梅：《社会保障支出对居民收入影响机制分析——基于江苏省 13 市面板数据的收敛分析》，《华东经济管理》2014 年第 12 期。

② 陈宗胜、周云波：《体制改革对城镇居民收入差别的影响——天津市城镇居民收入分配差别再研究》，《中国社会科学》2001 年第 6 期。

③ 高霖宇：《发达国家社会保障水平与收入分配差距关系及对中国的启示》，《地方财政研究》2011 年第 7 期。

④ 金双华：《现行社会保障制度对不同阶层收入影响的实证分析》，《经济社会体制比较》2012 年第 1 期。

⑤ 李亚青：《城镇职工基本医疗保险的“逆向再分配”问题研究——基于广东两市大样本数据的分析》，《广东财经大学学报》2014 年第 5 期。

⑥ 田卫民：《转移性收入在居民收入分配中的作用——中国居民收入分配中的逆向调节机制》，《暨南学报》2015 年第 2 期。

⑦ 黄祖辉、王敏、万广华：《我国居民收入不平等问题：基于转移性收入角度的分析》，《管理世界》2003 年第 3 期。

⑧ 杨天宇：《中国居民收入再分配过程中的“逆向转移”问题研究》，《统计研究》2009 年第 4 期。

⑨ 邓大松、仙蜜花：《社会保障转移支付对收入分配差距的调节效应——基于东部 12 个省市的实证研究》，《社会保障研究》2013 年第 6 期。

来看，用于定量研究的方法或者工具包括模型假设、基尼系数、阿特金森指数、转换矩阵、保险精算方法、洛伦兹曲线。其中使用比较多的是结合保险精算和模型假设的方法，该方法可以用指标度量社会保障转移支付的作用。如徐梅利用 CHNS 数据计算阿特金森指数得出 65 岁以上的老年人中的贫富差距大于 65 岁以下老人的贫富差距；1997—2004 年，教育水平相同的老年人的养老金收入差距在缩小但是不同教育水平老年人间的养老金差距在扩大。① 王翠琴、薛惠元采用“净转入额”的概念测算政府财政补贴的收入再分配效应，发现政府补贴越多，参保者的养老金净转入额就越多，新农保的收入再分配效应就相应越大。② 实证模型方面主要分为面板数据模型、时间序列模型和其他模型。如胡汉军、刘穷志运用面板数据计量模型分析财政社会保障支出对居民收入分配的影响，得出社会救济支出、养老保险支出和离退休支出没能起到缩小居民收入差距的作用，反而在一定程度上扩大了居民收入的差距，失业救济支出对居民收入差距的影响不显著。③ 朱火云、丁煜借助欧盟 27 国的面板数据，运用静态面板随机效应模型进行实证分析，结果表明，社会保障水平和收入不平等呈负相关，社会保障水平越高，收入不平等的差距就越小。④ 胡宝娣、刘伟、刘新选取了 1978—2008 年的时间序列数据，采用协整估计方法对财政社会保障支出与城乡居民收入差距的相关性进行实证分析，结果发现财政社会保障支出对城乡居民收入差距的影响显著为正，这说明社会保障起到了扩大城乡居民收入差距的作用。⑤ 封进、宋铮使用了一个 14 期的 A-K 模型对

---

① 徐梅：《中国城市居民收入分布不平等的实证分析——基于对社会养老保险影响的考虑》，《商业研究》2008 年第 8 期。

② 王翠琴、薛惠元：《新型农村社会养老保险收入再分配效应研究》，《中国人口·资源与环境》2012 年第 8 期。

③ 胡汉军、刘穷志：《我国财政政策对于城乡居民收入不公平的再分配效应研究》，《中国软科学》2009 年第 9 期。

④ 朱火云、丁煜：《社会保障对收入分配的影响：基于欧盟的实证分析》，《当代经济管理》2015 年第 4 期。

⑤ 胡宝娣、刘伟、刘新：《社会保障支出对城乡居民收入差距影响的实证分析——来自中国的经验证据（1978—2008）》，《江西财经大学学报》2011 年第 2 期。

养老保险的福利效应进行进一步研究，并试图建构一个适合于中国人口年龄结构的最优养老保险体系。[①] 黄清峰运用 VAR 模型（向量自回归模型，简称 VAR 模型，是一种常用的计量经济模型，1980 年由克里斯托弗·西姆斯（Christopher Sims）提出分析财政社会保障支出对农村贫困的影响发现社会保障的支出能够在一定程度上降低农村贫困发生率。[②]

总结我国社会保障调节收入再分配效应不理想的原因，主要有以下几个方面：一是社会保障覆盖面不足，政策宣传不到位。居民对社会保障的认知和了解程度较低，尤其是一些中低收入群体和受教育程度较低的群体，他们最需要参加社会保险来保障以后的老年基本生活，但是由于缺乏这方面的认知，导致没有参加社会保险。此外一些贫困人口没有纳入最低生活保障，没有享受到一些基本福利，未能减少贫困差距问题。二是社会保障发展不均衡。长期以来我国的社会保障制度主要面向城市人口，对于农村人口的社会保障制度发展滞后，有限的财政投入偏向城市地区。再者，针对弱势群体和贫困人口的社会救助和社会福利发展不足，资金不能及时到位。此外，公职人员相比其他低收入群体、非正规就业人员、灵活就业人员而言，社会保障待遇较高，而其他就业人员的社会保障状况不理想。三是社会保障制度的设计不完善，尤其是随着大量新生代农民工的涌现，社会保障项目缺乏共享性，相互分割，从而影响了社会保障制度的公平性。四是筹资、责任分担机制不合理。对中低收入人口和贫困人口的支持力度较低，社会保障机制未真正遵循公平正义原则，应建立筹资机制和待遇补偿机制的有效联动。

三、国内外文献研究述评

由上述文献综述内容可知，国内外关于社会保障调节收入再分配效应的研究，在社会保障是否具有调节功能，以及社会保障为什么履行收入再分配职责这两个根本问题上具有一致性，并且国内外学者都分别从不同角度对社

---

① 封进、宋铮：《中国人口年龄结构与养老保险制度的福利效应》，《南方经济》2006 年第 11 期。

② 黄清峰：《社会保障支出与农村贫困减少动态关系的实证检验》，《统计与决策》2013 年第 19 期。

会保障调节收入再分配效应进行分析。在社会保障调节收入再分配理论上，国内主要是借鉴西方的两种社会保障调节收入再分配理论，分别是马克思主义经济学和西方经济学关于社会保障调节收入分配的理论分析。这两种理论剖析了不同社会制度下的社会保障调节收入再分配理论的异同点。此外，国外研究结果大多表明社会保障具有显著缩小居民收入分配差距的作用，但是对于福利国家而言，济贫传统和社会救助都在明显地导致社会分层化。在研究方法上，国外多采用微观的入户调查的实证方法，通过对比研究对象的年度收入和终身收入来分析社会保障对收入分配的调节作用。并且通过分析国外相关社会保障调节收入再分配的文献发现国外之所以能够真正发挥社会保障的调节作用，与国外社会保障的制度设计、价值追求、保障重点，支出水平等密切相关。此外不同的福利国家社会保障调节收入再分配的效果也不相同，福利型国家效果最好，社会保险型其次，市场主导型效果最弱。

而国内对社会保障调节收入再分配研究起步较晚，始于20世纪90年代初，研究内容集中在社会保障对城乡收入分配差距的影响，城镇内部收入分配差距和农村内部收入分配差距等。研究的方法上，随着计量经济学在经济领域的广泛应用，关于社会保障调节收入再分配的研究从统计分析逐步过渡到计量实证分析，数据的来源也从宏观数据向微观数据转换。主要的定量研究方法和工具有模型假设、阿特金森指数、转换矩阵、保险精算方法、洛伦兹曲线等。国内许多学者运用不同方法从不同角度进行了广泛研究，研究的结果大多是社会保障在调节收入再分配过程中起到了“逆向分配”的作用，且社会保障覆盖面不足；社会保障发展不均衡；社会保障制度不完善，缺乏共享性、相互分割；筹资、责任分担机制不合理等是造成“逆向调节”的主要原因。此外，也有部分学者从转移性收入、养老金财产、社会保障收入等角度分析发现社会保障对居民收入再分配起“正向”调节作用。

对比分析国内外关于社会保障调节收入再分配的文献发现国内的研究还相对不够成熟，并且在国内关于社会保障调节收入再分配的研究主要集中在东部发达地区，关于中西部经济欠发达地区的研究相对较少，这可能与社会保障制度发展不完善有关。并且国外在社会保障调节收入再分配中

主要侧重于纵向分配，倾向于微观时间序列的研究，结果更贴近真实，而国内虽然最近几年慢慢用微观数据研究，但是发展较慢，加上国内特殊的国情，一手的微观数据采集较难。在研究方法的运用上，对于不同的研究范围来说，如研究国内和省级层面的社会保障调节收入再分配效应的研究方法应该是有所差别的，不同的研究方法得出的结果可能存在差异，到底哪一种研究方法更为精确一直没有统一的标准。并且在已有的文献研究中也是主要集中运用一种方法进行解释分析，那么是否有必要在研究的过程中运用多种方法进行进一步检验有待探讨。在研究的内容上，还存在一些不足或者需要进一步探究的问题：一是国内研究者大多是直接研究社会保障对居民收入分配调节作用的最终结果，很少探究社会保障发挥收入分配功能的传导机理，作用路径以及是否有中间作用效果的影响。并且大多作者仅仅把研究视角定在传统认识中的再分配环节，在研究过程中较少考虑社会保障在初次分配中的作用，在初次分配中的作用是否会影响再分配效应以及影响的程度又是如何？这一问题较少有人研究。二是国内有关社会保障调节收入再分配的研究更多地集中在城乡居民收入差距的问题，较少地关注社会保障对少数群体的收入方面的影响，研究的内容也是较为宏观，微观研究较少。三是在社会保障发挥某种作用的原因探究上，大多集中在宏观层面，真正渗透到研究问题本质的原因尚需要进一步探究，并且提出的对策建议也是主要集中的宏观层面，较少关注微观层面。

由于研究视角及数据来源的异同，学术界关于我国社会保障整体收入再分配作用与不同社会保障项目的收入再分配作用不同，导致一些相互对立的结论。因此，在现有研究的基础上，本选题有进一步拓展的空间：(1) 社会保障调节收入分配差距发挥的作用是比较复杂的，很难以用一个绝对的标准进行衡量，需要充分考虑经济社会的现实国情和居民的价值判断，在对其收入再分配效应进行客观测量的同时，充分考察社会公众的主观评价。这一方面，现有研究存在着一些不足，进一步拓展的空间较大。(2) 由于现有研究较多专注于社会保障调节收入分配差距的测算与评估，未能对完善社会保障调节收入分配差距的政策体系的关键性问题进行有效的制度性设计。因此，不能对有关部门关于完善社会保障调节收入分配差距的政策体系的构建提供建设性意见，形成有效的制度性框架，从而形成国家层面的关于完善社会保障调节收入分配差距的政策体系。

第四节 研究内容

改革开放后，我国城乡的区域发展和收入分配差距依然较大，一定程度上制约着人民生活水平的提高。因此，更加需要发挥收入再分配机制的调节作用。社会保障作为一项保障人民生活的重要制度，其设计的基本前提就是缩小收入差距，调节收入分配，但是，面对日益扩大的城乡收入差距以及贫富差距，社会保障的调节收入再分配功能引发人们的怀疑，社会保障制度是否发挥了调节收入再分配的作用？社会保障的收入再分配的效应又如何？导致社会保障调节收入分配失灵的原因又是什么？这些问题一直是学术界关注和争论的重大问题。社会保障作为再分配的重要手段，主要是将高收入群体的一部分收入转移到低收入群体手中，给予生活困难的社会成员提供基本的生活保障，通过自身所具有的分配再调节功能解决收入差距问题，确保社会成员共享经济发展成果。①

一、研究总体框架

研究总体框架主要分为以下 4 个部分：（1）从总体上考察社会保障调节收入再分配的效应；（2）我国社会保障调节收入再分配效应的客观测量、主观评价及其影响因素；（3）域外国家社会保障调节收入再分配效应的经验及其启示；（4）我国社会保障调节收入再分配效应的政策体系完善研究。

① 郑功成：《论收入分配与社会保障》，《黑龙江社会科学》2010 年第 5 期。

其政策体系完善主要表现在：第一，宏观层面：加强社会保障政策宣传引导，积极扩大社会保障覆盖面；打破户籍壁垒，推进社会保障的城乡统筹与制度整合；强化基本社会保障制度的公平属性；完善社会保障财政投入与转移支付机制；完善社会保险的制度设计；第二，具体的社会保障项目层面：重点推进社会养老保障、社会医疗保障和社会救助制度的发展，进一步发挥社会保障的收入再分配作用（图 1-1）。

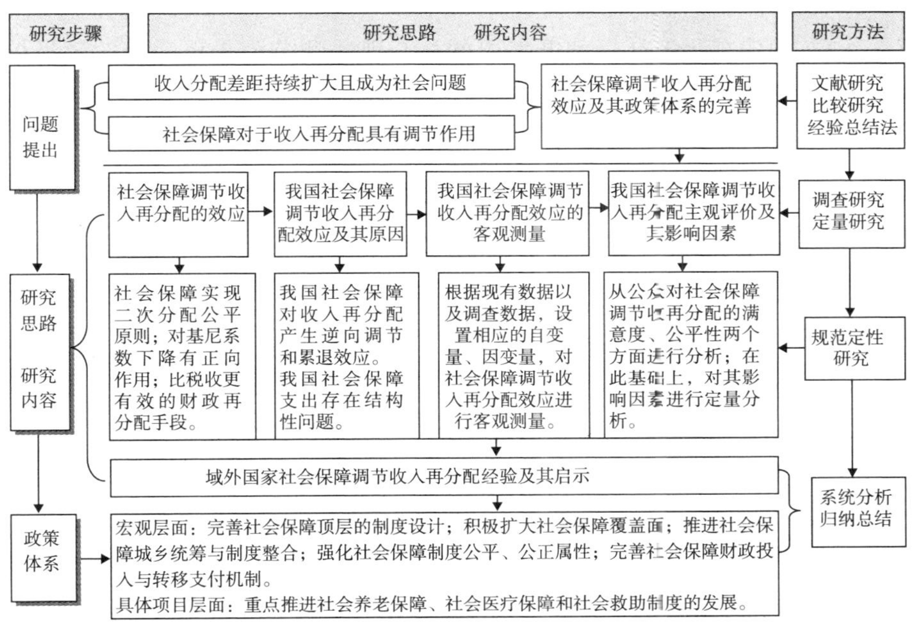

图 1-1　“社会保障调节收入再分配效应及其政策体系完善研究”框架图

二、研究重点难点和目标

研究重点难点和目标主要有两个方面：

（1）我国社会保障调节收入再分配产生的逆向调节和累退效应。一般来说，社会保障对于调节收入再分配可以产生一定的王向作用，但由于我国城乡分割的社会保障制度，社会保障转移支付后反而加大了城乡居民之间的收入差距，产生一定逆向调节和累退效应。对其“逆向调节和累退效应”的测算和评估，以及对其影响因素进行分析是本课题的重点。本课题拟根据现有数据、课题组拟进行调查所得数据对社会保障调节收入再分配效应的客观测量、主观评价及其影响因素进行分析。这一方面的难点主要有：第一，现有数据的获得，以及对现有数据效度、信度的评判与处理；第二，课题组拟进行的调查问卷内容的设计，以及对其自变量、因变量的设计和选择；第三，选择何种恰当方法对其影响因素进行定量分析。

（2）构建有利于社会和谐发展的社会保障调节收入再分配的政策体系。社会保障调节收入再分配的政策体系，是一个多维、多层和多向的立体结构网络，可以从宏观层面、具体的社会保障项目层面进行构建，也可以横向层面、纵向层面构建相互促进、协调发展的政策体系。本课题拟以相关政策体系构造理念构建有利于社会和谐发展的社会保障调节收入再分配的政策体系。这一方面的难点主要有：第一，如何从宏观层面、具体的社会保障项目层面构建相互促进、协调发展的政策体系；第二，如何从横向层面、纵向层面构建相互促进、协调发展的政策体系；第三，构建的政策体系如何体现社会保障调节收入再分配的原则和理念。

基于以上主要研究内容，以期达到以下两个方面的目标：一是分析我国社会保障调节收入再分配的效应以及对我国社会保障调节收入再分配效应的进行客观测量、主观评价及其影响因素进行分析，进一步完善该课题的文献积累和学术讨论；二是构建有利于社会和谐发展的社会保障调节收入再分配的发展支持体系，为人力资源和社会保障部门制定社会保障调节收入再分配制度框架建设提供前期研究积累和政策性思路。

第五节　研究思路和研究方法

一、研究思路

（1）在研究视角方面：本课题将根据现有数据、拟将调查数据对社会

保障调节收入再分配效应的客观测量、主观评价及其影响因素进行分析，在此基础上，提出构建有利于社会和谐发展的社会保障调节收入再分配的发展支持体系；（2）在研究方法方面：综合运用文献研究法、调查研究法、定量分析法和经验总结法等研究方法，对本课题从定性、定量方面进行综合研究；（3）在研究数据方面：运用国家统计局公布的数据、不同单位调查的数据，并拟在我国东部、中部及西部的若干地区城乡进行入户问卷调查，获得第一手数据。

二、研究方法

（1）文献研究法：对本课题相关文献资料进行整理、归纳，厘清学术界有关本课题的研究现状及其基础研究理论，确定本课题的研究方向。

（2）调查研究法：采用经验分层和非严格随机抽样方法，拟对福建省若干城乡地区进行入户问卷调查，对社会保障调节收入再分配效应、影响因素及政策主体的期望进行调查研究。

（3）定量分析法：以现有数据以及调查数据为基础，建立合适的自变量、因变量，利用相关统计方法对我国社会保障调节收入再分配差距的主观评价及其影响因素进行定量分析。

（4）经验总结法：本课题将借鉴国外发达国家社会保障调节收入再分配的成功经验，并结合中国国情以及各地区的实际情况，批判吸收。

第二章

社会保障是调节收入再分配的重要手段

第一节　社会保障的发展历程

社会保障是一个庞大复杂的系统，主要包括各项社会保险制度①、社会救助制度、社会福利制度、社会优抚制度以及相关的补充保障制度，但其涵盖人群、保障水平不同：（1）社会保险主要是面向工薪劳动者，包括女职工生育期间的基本生活的生育保险、退休职工基本生活的养老保险、死者及其遗属的社会保险、患病职工的工资补偿和医疗保险、伤残职工的

---

① 作为现代社会保障体系中最主要形式、或者说是最具体现代特征的社会保险（social insurance），是指劳动者在其有劳动能力时为社会做出某种形式的贡献，而当其年老、疾病、伤残、失业和生育等情况而临时性或者永久性丧失劳动能力后，社会反过来以一定的形式为其提供必要的生活保障。社会保险主要包括社会养老保险（social endowment insurance）、医疗社会保险、失业社会保险、工伤社会保险、生育社会保险等。在这“五险”中，由于社会养老保险享受的人群最多（几乎覆盖了一个国家或地区的所有国民）、享受待遇的时间最久、待遇给付的标准最高。因此，社会养老保险不仅是社会保障，而且也是社会保险的主要项目和核心内容。

工伤保险；(2) 社会救助主要面向贫困群体，包括保障无劳动能力、无人赡养、无经济来源者的最低生活需要，保障因天灾人祸暂时陷入生活困境的个人和家庭的最低生活需要，保障生活水平低于国家最低生活水平的个人和家庭的最低生活需要；(3) 社会福利分为公共福利和职工福利，分别面向全体公民（主要包括救济福利设施、公共卫生设施、公共文化设施和生活补贴）和企事业单位职工（包括生活补贴和各种津贴、职工集体生活福利设施以及职工集体文化福利设施）；(4) 社会优抚主要面向军人。

国际劳工组织名言“没有社会安定，就没有社会发展；没有社会保障，就没有社会安定”充分说明了社会保障在社会安定和社会发展中的作用。作为予以保证社会成员基本经济生活安全的社会经济制度的社会保障，通过合理的制度安排，创造并保证每一个国民在享受社会保障的过程中能够实现起点公平并维护过程公平。在此基础上，促进每一个国民享受社会保障的结果公平或者尽可能地缩小结果的不公平。而在此方面，作为“享受人群最多、享受待遇时间最久、待遇给付标准最高”的社会养老保险，在社会保障制度框架中具有更加重要的意义。

社会保障（social security）作为现代社会一项基本的社会经济制度和民生福利的基本制度保障，对于一个国家社会经济的良性健康发展和长治久安具有重要意义。虽然“社会保障”一词最先来自 1935 年美国制定的《社会保障法》(*Social Security Act*)，但在此之前的三个重大历史性事件基本上奠定了社会保障的制度框架，并对推动现代社会保障制度的建立和发展起到了重要作用。

现代意义下的社会保障出现之前，社会保障以“慈善”的形式出现。①这些慈善主体基本上为丧失劳动能力老弱病残者和作为就业者边缘群体的失业者，在灾荒之年为贫困人口提供最基本生活所需，以保证他们基本经

① 历史上的慈善主要形式有官办慈善（官办济贫）、宗教慈善和民办慈善（包括民间组织和个人举办的）三种形式。

济生活的安全。作为现代社会保障[1]起源的德国[2]，19世纪80年代初期，用武力统一了德意志各诸侯国的“铁血宰相”俾斯麦，为了在迅速实现政治上、经济上和社会上的统一，必须给当时的工人阶级以实际上看得见的经济利益。在这一背景下，1881年，由冯·俾斯麦（Otto Eduard Leopold von Bismarck，1815—1898）主导的、有德国“大宪章”之称的《黄金诏书》颁布。《黄金诏书》声明：工人因疾病、工伤（残）和年老丧失劳动能力时，“有权要求救济”，以保障最基本经济生活的安全。此后《疾病社会保险法》（1883年）、《工伤事故保险法》（1884年）以及《老年和残障社会保险法》（1889年）三部法令的颁布，完成了当时世界上最完备的德国工人社会保障计划。同时，这三部法令共同奠定了现代社会保险制度，并最早确立了政府主导强制执行、非营利性、保险费由政府——雇主——

① 布鲁斯认为，现代社会保障具有以下五项标准：（1）保障每个人在任何情况下的体面生活；（2）保障每个人的基本生活不受意外事故的影响；（3）帮助发展家庭；（4）把健康和教育当作公共的事业，从而普遍地提高物质和文明的水平；（5）发展和改善公共设施，如居民住宅、城市环境等。

② 由于17世纪初期（英国伊丽莎白一世时期）实行的“济贫法”（主要是指英国1601年颁布的《伊丽莎白济贫法》和1834年英国议会通过的《济贫法修正案》。前者被称为“旧济贫法”（Poor Law），在历史上首次由政府以立法形式规范济贫事业。《伊丽莎白济贫法》将早期西方宗教性质的救济活动用法律形式确定下来，认为个体贫困在于自身原因，个人对贫困负主要责任。因此，解决贫困主要依赖于个人自身，政府的资助作为一种恩赐，需要以牺牲被保障者自尊作为基础。它规定了济贫的3种对象，即有劳动能力的贫民、无劳动能力的贫民和无依靠的孤儿，并分别规定：无工作能力的老弱病残疾者，由教区进行院内收容或院外救助；身强力壮的贫民，则必须到贫民习艺所（workhcuse）参加劳动；孤儿可通过孤儿院收养、家庭辅助、家庭寄养三种方式进行抚养。相对于“旧济贫法”来说，“新济贫法”（The New Poor Law）首次明确对穷人的援助是政府的责任，主要规定有：取消对无业贫民的一切货币与实物形式的救助，只允许将他们收容进习艺所，从事沉重且待遇极低的工作；受助者只能住进济贫院；提出了保障公民生存权利的思想；成立济贫法管理局，由经过专门训练的社会工作人员负责贫困救济工作；保证救济所需资金的来源，规定济贫资金必须由地方税收予以保证。由于“新济贫法”明确规定“向全社会范围内的富人征收济贫税，形成公共基金来救助贫困者”，因此有学者将此认为是现代西欧社会保障的开端。但是，该法更强调“强迫劳动、惩罚贫困”，与社会保障所强调的“保证社会成员基本经济生活安全”相距甚远，学术界更倾向将德国皇帝威廉一世颁布的《黄金诏书》视为现代西欧社会保障的开端。

雇员三方负责、劳动与福利相结合（先交费后受益）等现代社会保障基本原则。[①] 作为世界上最早建立现代社会保障制度的国家，德国将社会保障制度理解为“是对竞争中不幸失败的公民提供基本生活保障的制度，”[②] 以促进“社会公平”和“社会安全”。[③] 1935 年，美国罗斯福总统颁布的《社会保障法》是基于 1929 年世界性经济危机后国内相当一部分贫困人口生活无望的现实情况。《社会保障法》是一部以老年保险、失业保障和未成年人保障为核心的综合性社会保障法律，第一次在一部法律中规定了社会保险、社会福利和社会救济等社会保障内容。[④] 这是社会保障第一次以文本的形式出现在世人面前，之后理论界以及各国政府所使用的社会保障概念和基本内涵基本上是以罗斯福总统颁布的《社会保障法》为蓝本的。[⑤] 该法案一方面把社会保障当作反经济危机及破解单一市场经济体制带来弊端的有力工具；另一方面，通过建立有效的、统一管理的社会保障制度以达到“保证社会成员基本经济生活安全”的目的，“通过建立一个联邦的老年救济金制度，使一些州得以为老人、盲人、受抚养的和残疾儿童提供更为可靠的生活保障，为妇幼保健、公共卫生和失业补助法的实行做出妥善的安排。”20 世纪 40 年代，由英国著名学者威廉·亨利·贝弗里奇（William Heony Beveridge，1879—1963）主持制定的《社会保险及相关服务》研究报告（“Social Insurance and Allied Services”，一般称为“贝弗里奇报告”）规定的“社会保险及相关服务”基本原则，设计了社会保障七个方面的内容：儿童补助、养老金、残疾补助、丧葬补助、丧失生活来源补助、妇女福利和失业救济。从而奠定了第二次世界大战后主要资本主义

---

① 李南海：《从效率到公平：1978 年以来党的社会保障理念的演变》，《楚雄师范学院学报》2015 年 12 期。

② 孙健夫主编：《社会保障概论》，北京：经济管理出版社 2007 年版，第 12 页。

③ 台湾地区的一些学者将“social security”译为“社会安全”；并认为这更接近原来的词义，因为“social security”就是指“国家为了保证公民基本社会生活来源的安全而设立的项目”。

④ 吴中宇、胡仕勇：《美国社会保障制度发展的理念基础及其启示》，《华中科技大学学报》2003 年第 6 期。

⑤ 李怡、宋军：《对西方和马克思社会保障理论的现代诠释》，《马克思主义研究》2009 年第 9 期。

国家社会福利的基本框架。该研究报告将社会保障概括为当公民疾病、伤残、年老、失业以及家庭收入减少、生活窘困时予以其基本生活保障的制度，在强调“社会公平”和“社会安全”的基础上，以达到消除贫困、保证公民基本社会生活来源安全的目的。① 第二次世界大战结束后不长的一段时期内，与西欧、北欧国家社会经济得到了快速发展的同时，这些国家的社会保障也快速建立健全起来，基本上实现了“贝弗里奇报告”的基本构想。第二次世界大战后，英国政府颁布实施了《国民保险法》《国民健康服务法》《国民工业伤害法》《家属津贴法》《国民救济法》。1948 年，英国首相艾德礼率先宣布建成“从摇篮到坟墓”的福利国家。至 20 世纪 70 年代，欧洲和北美大多数国家发达国家普遍建立了以“高福利”为内涵的社会保障制度。这些国家社会保障的共同特点是在强调“社会公平”和“社会安全”的基础上，普遍地承担起社会保护的责任，并通过立法和国家行政机器对社会保障诸多项目实行有效的组织、规划和管理。

20 世纪 60 年代以来，西方发达资本主义国家在新经济自由主义思想支配下，以一系列法律法规和政府法令为前提条件，广泛实施“普遍福利”的社会政策，建立了一个“从摇篮到坟墓”的全方位对国民提供保障的社会保障制度，将属于二次收入分配社会保障的公平性发挥得淋漓尽致。目前，全世界有 172 个国家和地区程度不一地建立了各种形式的社会保障制度。② 相对来说，西方发达国家由于经济实力强，其社会保障项目全、覆盖面广、水平高。虽然，这程度不同地加重了国家财政运行压力，但其在相当程度上“减轻了现代工业社会给个人生活带来的风险，为每个人提供了合乎人道标准的保障，促进了社会公平，维持了社会的稳定发

---

① 宋士云主编：《社会保障学》，北京：对外经济贸易大学出版社 2010 年版，第 10 页。

② 胡晓义主编：《走向和谐：中国社会保障发展 60 年》，北京：中国劳动社会保障出版社 2009 年版，第 2 页。

展”发挥着积极作用。①

随着世界许多国家先后建立起程度不同的福利国家，以协调劳动关系、维护劳工利益为宗旨的国际劳工组织（International Labour Organization，ILO）将“把国家保障公民基本生活需求的社会政策和社会立法”统称为社会保障。1944 年召开的第 26 届国际劳工大会发表的《费城宣言》，国际组织开始正式采纳“社会保障”的概念。1952 年，国际劳工大会又通过了《社会保障（最低标准）公约》，制定了建立社会保障制度的基本准则。此后，“社会保障”一词逐渐被国际社会普遍接受，成为一个与公民基本经济生活安全相关联的专门术语。

第二节　社会保障制度调节收入再分配的机制

美国著名经济学家西蒙·史密斯·库兹涅茨（Simon Smith Kuznets，1901—1985）在研究收入分配规律中发现了一条著名的倒 U 形曲线（Inverted U Curve，又称作“库兹涅茨曲线”）：在经济增长初期，收入分配的差距较小，随着经济增长的速度加快，收入分配差距逐渐提高，并达到最高点。但随着经济的持续增长，收入分配的差距逐渐得到减小，并最终趋于平缓，即“收入分配状况随经济发展过程而变化的曲线”。

库兹涅茨曲线也基本反映了中国改革开放发来经济发展与收入分配差距之间的变化态势。改革开放 40 年以来，我国经济发展持续增长。统计数据显示，1978 年我国全年国内生产总值（GDP）为 3 678.70 亿元，全年人均国内生产总值为 385.0 元，全年国民总收入为 3 650.2 亿元；2017 年

① 发达国家的社会保障体系在第二次世界大战后发展到了一个较高的水平。但自 20 世纪 70 年代以来，多种因素的共同作用，使这种“从摇篮到坟墓的全方位对国民提供保障的社会保障制度”面临着重大挑战。目前其改革方式主要有：增加缴费收入，节约开支，改变单一由政府管理的模式，通过明确政府、雇主、个人和社会保障体系中的角度和责任，实施多层次、多方参与的社会保障制度。

全年国内生产总值为827 122亿元，全年人均国内生产总值为59 660元，全年国民总收入为825 016亿元，分别增长了224.84.154.96和2 246.01倍。从我国经济增长过程来看，改革开放初期，经济发展与收入分配基本上是同步的，这体现在衡量收入分配差距状况的基尼系数①一直处于较平稳的状态。统计数据显示，在20世纪80年代末和20世纪90年代初期，我国基尼系数一直处于0.3左右的水平。但21世纪以来，随着经济发展速度的加快，收入分配却呈现出越来越大两极分化的态势，表现在基尼系数方面，呈现出长时期处于高位运行的态势。2010年、2011年、2012年，我国基尼系数分别为0.481.0.477和0.474；2013—2016年，我国基尼系数分别为0.473、0.469、0.462和0.465，一直高于0.4的国际警戒线。② 与此同时，我国城镇居民间的收入差距以及城乡间的收入差距也在不断扩大。统计数据显示，1978年，我国城镇居民可支配收入与农村居民纯收入的比例为2.56∶1.0，到2010年扩大到3.23∶1。除显性的收入差距外，城乡居民之间还存在较大的隐性收入差距。城镇职工享受的各种补贴、低价的公用设施和文教卫设施等，若将这些福利计入收入范畴，城乡居民的实际收入差距将扩大到5.0~6.0倍。③

---

① 基尼系数是1943年美国经济学家阿尔伯特·赫希曼根据洛伦兹曲线所定义的判断收入分配公平程度的指标，是国际上用来综合考察居民内部收入分配差异状况的一个重要分析指标。其具体含义是指，在全部居民收入中，用于进行不平均分配的那部分收入所占的比例。基尼系数最大为“1”，最小等于“0”。前者表示居民之间的收入分配绝对不平均，即100%的收入被一个单位的人全部占有了；而后者则表示居民之间的收入分配绝对平均，即人与人之间收入完全平等，没有任何差异。但这两种情况只是在理论上的绝对化形式，在实际生活中一般不会出现。因此，基尼系数的实际数值只能介于0和1之间，基尼系数越小收入分配越平均，基尼系数越大收入分配越不平均。国际上通常把0.4作为贫富差距的警戒线，大于这一数值容易出现社会动荡。

② 韩太平：《包容性增长制度创新研究——以马克思主义发展理论为视域》，北京：中国社会科学出版社，2017年版，第4-6页。

③ 王延中：《中国社会保障发展报告》2012年，北京：社会科学文献出版社2012年版，第30页。

表 2-1　我国主要年份城乡收入基本情况

年份	城镇居民可支配收入/元	农村居民纯收入/元	城乡收入差/元	城乡收入比/%
1950	—	—	—	—
1960	—	—	—	—
1970	—	—	—	—
1978	343	134	209	2.56 : 1
1980	477	191	286	2.50 : 1
1985	739	398	341	1.86 : 1
1990	1 510	686	824	2.20 : 1
1995	4 283	1 578	2 705	2.71 : 1
2000	6 280	2 253	4 027	2.79 : 1
2005	10 493	3 255	7 238	3.22 : 1
2010	19 107	5 919	13 188	3.23 : 1
2011	21 809	6 977	14 832	3.13 : 1
2012	24 565	7 917	16 648	3.10 : 1
2013	26 955	8 896	18 059	3.03 : 1
2014	28 844	9 892	18 952	2.92 : 1
2015	31 195	10 772	20 423	2.90 : 1
2016	33 616	12 363	21 253	2.72 : 1
2017	36 396	13 432	22 964	2.71 : 1
2018	39 251	14 617	24 634	2.69 : 1

数据来源：国家统计局网络相关年份数据。

一段时期以来，不同群体、不同地区收入分配差距持续扩大业已成为不争的事实，并成为社会各界普遍关注的热点问题。导致收入分配差距持续扩大的原因是多方面的，但作为关乎基本民生和国家长治久安重大制度安排的社会保障制度不健全与不完善是其中非常重要的原因。因此，如何运用社会保障这一手段调节和缩小收入差距，具有重要意义。

作为一种防范风险、救助贫困和维护社会稳定的制度，社会保障制度实质上是一种收入分配制度。通过再分配，社会保障制度产生了一定的再分配效应。收入再分配效应是养老保险制度改革的核心目标，良好的养老金设计应当充分考虑其再分配作用，降低养老风险，防止老年人口陷入贫困。① 可以说，社会保障制度是调节收入再分配的重要工具。各国的实践证明，社会保障制度对于调节收入分配具有较好的效果。以英国为例，2004 年初次分配时的基尼系数为 0.52，通过再分配的调节，数值变为 0.38，下降了 14 个百分点，下降幅度高达 36.8%。其中各种直接的社会保障措施对收入差距的调节效果最大，使居民收入的基尼系数减少了 15 个百分点。② 2004 年芬兰社会保障体系的资金来源和供款比例分别为：国家财政占 55.0%，雇主缴款占 22.0%，参保人员缴费和其他渠道占 10.0%，地方政府财政占 3.0%，政府的流动性担保占 8.0%。③ 在瑞典的社会保障收入来源中，缴费占 42.0%，一般性税收占总收入的 52.0%，资本收益占总收入的 6.0%。④ 美国的税收和转移支付等再分配政策使初次再分配的市场收入不平等减少了 30.0%，且以社会保障为主的转移支付的作用远大于税收，2004 年转移支付产生的再分配效应贡献率高达 88.0%，而税收只有 30.0%。⑤ 随着我国社会保障覆盖面的不断扩大，其参与者所获得的社会保障待遇也同步增加，成为影响收入再分配的重要因素。统计数据显示（表 2-2），2010 年最宽口径的社会保障支出占全国财政总支出的 42.59% 和 GDP 的 9.49%，对收入分配的影响更加明显；相对于 1978 年，2010 年

---

① 王亚柯、高程玉：《社会保障制度的再分配效应：收入与财产》，《浙江大学学报》2018 年第 6 期。

② 张利军：《充分发挥社会保障制度对收入分配的正向调节作用》，《工人日报》2011 年 03 月 29 日。

③ 刘强：《瑞典、芬兰居民收入分配状况及调节政策考察报告》，《经济研究参考》2006 年，第 32 期。

④ 刘志英：《社会保障与贫富差距研究——典型国家的实践与中国的政策主张》，武汉大学博士学位论文，2004 年。

⑤ Wolff F. N. & Zacharias A，．“The Distributional Consequences of Government Spending and Taxation in the U. S.，1989 and 2000，Review of Income and Wealth，Vol. 53，N o. 4（2007），PP. 692-715.”

口径一、口径三的统计数据占财政总支出的比重分别增加了 515.75%、269.38%，占 GDP 的比重分别增加了 334.62%、167.32%。①

表 2-2　中国社会保障性支出及占财政总支出及 GDP 比重

年份	口径一	口径二	口径三	占财政总支出的比重/%			占 GDP 的比重/%		
				口径一	口径二	口径三	口径一	口径二	口径三
1978	18.91		129.40	1.65		11.53	0.52		3.55
1986	35.58		432.53	1.61		19.62	0.35		4.21
1992	66.45		916.77	1.78		24.50	0.25		3.41
2000	1 517.57	3 604.52	6 493.56	9.55	20.05	36.13	1.53	3.63	6.54
2006	4 361.78	9 950.23	16 898.14	10.79	21.63	36.73	2.06	5.18	7.97
2010	9 130.62	21 639.32	38 273.52	10.16	24.08	42.59	2.26	5.37	9.49

说明：口径一主要包括抚恤和社会福利救济支出、行政事业单位离退休费、社会保障补助支出；口径二是在口径一的基础上增加除财政补助之外的社会保障基金支出，计算口径二比重的分母（财政总支出）包含除去财政补助之外的社会保障基金支出；口径三是在口径二的基础上增加了教育、卫生支出。

资料来源：王延中：《中国社会保障发展报告》2012 年，北京：社会科学文献出版社 2012 年版，第 3 页。

社会保障调节收入再分配效应包括横向调节和纵向调节两个方面。其横向调节收入再分配效应主要是指在同一时期内对不同群体之间的收入调节，包括同代人口内不同人群之间的收入调节（主要是指同一时期的高收入人群、健康人群、在职人群等向低收入人群、非健康人群、非在职人群的收入调节）和同一时期不同代际的收入调节（主要是指年轻一代向年老一代的收入调节）。② 其纵向调节收入再分配效应主要是指对不同时期的收入分配调节，包括对个人（本人）的纵向调节和对整个社会内不同代际之

① 王延中：《中国社会保障发展报告》2012 年，北京：社会科学文献出版社 2012 年版，第 2 页。

② 王延中：《中国社会保障发展报告》2012 年，北京：社会科学文献出版社 2012 年版，第 7 页。

间的纵向调节。在现收现付制（pay-as-you-go，PAYG；又称赋课别）①下，现期年轻人向社会保障系统供款，社会保障系统再把这些供款转移支付给现期老人，而现期年轻人的养老金是由其下一代年轻人的供款来实现，以此一代一代连续下去。现收现付制具有较强的代际和代内再分配功能，代际再分配主要体现在“正在工作一代抚养已退休一代”，即养老金取决于人口增长率、经济发展水平以及工资增长率，与参保人缴纳的社会保险费没有必然的联系。从生命周期的角度看，现在每一个在岗的年轻人最终都会退休，进而享受到下一代年轻人的转移支付，以此循环来达到现收现付模式的收支平衡。代内再分配主要体现在“高收入者向低收入者的转移支付”，即每位劳动者都按照收入的一定比例缴纳保费，然后按满足基本生活需求的相同标准发放养老金。高收入者缴纳的保费必然大于低收入者，但是领取的养老金大致相同，从而实现高收入者向低收入者的转移支付。在完全的基金积累制下，个人缴纳的养老保险费存入个人账户，专款专用。个人一生中得到的养老金的现值与本人一生中缴纳的养老保险费的现值相等，即养老保险制度中基本上不存在收入再分配。

第三节　社会保障对初次分配的间接影响机制

初次分配指国民总收入（即国民生产总值）直接与生产要素相联系的分配。任何生产活动都离不开劳动力、资本、土地和技术等生产要素，在

① 现收现付制是一种以横向平衡原则为依据，以同一时期正在工作的所有人的缴费，来支付现在保险收益人的开支的制度。以养老保险为例，现收现付制是指以同一个时期正在工作的一代人的缴费来支付已经退休的一代人的养老金的保险财务模式。它根据每年养老金的实际需要，从工资中提取相应比例的养老金，本期征收，本期使用，不为以后使用提供储备。其主要有四个特点：（1）代际转移，在职职工为上一代人支付养老金，自己的养老金则由下一代人支付；（2）以支定收，需要多少养老金就征收多少；（3）收入均等化，一般根据统一的退休条件决定退休待遇，人人平等，并且能够实现代际和同一代人之间收入的再分配；（4）管理简单，不存在基金的营运和保值增值问题。

市场经济条件下，取得这些要素必须支付一定的报酬，这种报酬就形成各要素提供者的初次分配收入。初次分配主要由市场机制形成，生产要素价格由市场供求状况决定，政府通过税收杠杆和法律法规进行调节与规范，一般不直接干预初次分配。社会保险和企业福利可以影响与改变初次分配的格局。

改革开放以来，我国一直呈现资本所得的回报率偏高而劳动所得的回报率偏低的态势，导致初次收入分配格局失衡。全国总工会 2010 年 4 月发布的一个调研报告显示，我国国民收入分配格局中劳动者报酬占 GDP 的比重不断下降，而资本所有者和政府占比却大幅提高。1997 年到 2007 年，劳动者报酬占 GDP 的比重从 53.4%下降到 39.74% ，企业盈余占 GDP 比重从 21.23%上升到 31.29%。在发达国家，劳动者报酬占 GDP 比重一般在 50.0%以上。

为了改善收入分配失衡和差距拉大的现状，中央和地方都采取各种措施，如税收体制改革、社会保障制度改革等，并在“十二五”规划中明确提出提高劳动者报酬、提高居民收入占 GDP 的比重。但是，如果不打破现行的初次分配格局，我国收入差距矛盾仍然会继续激化，再分配与第三次分配中的效果也随之大打折扣，因此初次分配改革势在必行。在谈及社会保险的收入分配功能时，学者们往往强调其再分配的作用，而忽略了社会保险在初次分配环节中的作用，它将直接影响初次分配格局的制度安排，即通过构建工资、社会保险与职工福利三位一体的薪酬体系来提高劳动者报酬并适度平抑过高的资本收益，这种方式既能够保证劳动者的即期收入，满足当前的消费需求，同时也能解除其后顾之忧。但是，当劳动者参与法定社会保险时，雇主也要分担缴费义务，劳资双方的缴费直接计入企业生产经营成本，可以享受国家的税收优惠，其中收入越高的劳动者从中获取的收益越大。在我国，如果劳动者依法参与养老保险、医疗保险、失业保险、工伤保险、生育保险等，单位或雇主总缴费率约占工资总额的 20.0%，个人缴费约占其工资的 8.0%左右，如果公积金按 12%比例计算，这些制度安排影响劳动者收入的 40.0%左右；而社会保险制度之外，效益较好的企业还为职工建立企业年金，雇主承担缴费义务，这些也可以计入生产经营成本。这种潜在的收入分配也极大地影响了劳动者之间的收入差距。我国实行的是社会统筹与个人账户相结合的部分积累制，企业缴纳的部分纳入社会统筹部分，个人缴纳的部分纳入个人账户，以年收入20万元的高收入者与2万元的低收入者为例，高收入者缴纳社会保障费总和为8万元，其中个人账户部分为16 000元，而低收入者仅缴纳8 000元，个人账户部分为1 600元，剔除社会统筹部分，高收入者个人账户金额是低收入者的10倍，这意味着个人账户不仅拉开了潜在的收入差距，而且高收入者比低收入者享受了更多的税收优惠。

第三章

养老保险是社会保障调节收入再分配中的重要方式

第一节　社会养老保险制度的类型和功能

一、社会养老保险制度的类型

社会养老保险制度是指工作一定时间后的受雇者，因健康或因年老退出劳动年龄以后，由政府或者雇主依据一定的标准所给予的一次性或者定期性给付的养老费用。[①] 其核心内容主要有两个方面：养老保险金的筹资方式、养老金待遇的给付方式。

就其筹资方式与养老金待遇给付方式而言，社会养老保险制度主要有三种类型：一为现收现付制，即：参保对象在职工作期间不需要缴纳任何养老保险费用，其退休养老金来源于企业生产收益并在企业营业外列支，

---

① 符宝玲：《退休基金制度与管理》，中国台北：华泰书局2005年版，第348页。

并构成企业年度经营成本的开支项目①；另一为储金制（savings system；又称十足准备制、提存准备制和公积金制），即：参保对象及供职单位根据其收入、任职以及工资总额等基本情况缴纳相应的养老保险费用，参保对象的养老金多少和其在职期间所缴纳的养老保险费用直接相关；其三是部分现收现付制加部分储金制的混合制。现收现付制和储金制各有优劣（表3-1）。主要表现为：现收现付制有代内及代际所得重分配功能、无庞大基金管理运用风险、其给付多少由事前精算确定；而储金制下退休所得与个人账户储蓄以及通货膨胀、货币贬值等外在因素有直接关联。因此，各国在建立养老保险金制度之时，都会考虑各国的具体实际情况，并适时进行调整。如，德国老年年金制度最初采用储金制；二战时由于通货膨胀导致马克贬值，改为现收现付制；20世纪90年代以来又因人口老龄化使政府财政不堪重负，又实行部分现收现付制加部分储金制的混合制。

表3-1　社会养老保险确定给付制与确定缴费制比较

项目	确定给付制	确定缴费制
特色	由雇主承诺在劳工退休时，保证给付确定养老保险金	由雇主定期缴费确定金额到劳工养老保险金账户以筹措养老保险金
投资风险	由雇主承担，投资方式通常由雇主主导	由劳工承担
给付风险	雇主负担全部给付风险	雇主不负担全部给付风险，没有给付不足问题
违约风险	有届时雇主不能或不愿给付之风险	无

① 现收现付制（PAYG）是一种以近期横向收支平衡为指导原则的基金筹资方式，由社会保险经办机构按所需支付的待遇总额进行筹资源，一般由用人单位和劳动者个人（或全部由用人单位）按工资总额的一定比例缴纳社会保险税（费）。这种筹资模式要求先做出当年或近几年内养老金制度所需支付的费用预算，然后按照一定比例分摊到参加养老保险的用人单位和个人，保证精算期内收支平衡（见邓大松、刘昌平等著：《改革开放30年：中国社会保障制度改革回顾、评估与展望》，北京：中国社会科学出版社2009年版，第1页）。

续表

项目	确定给付制	确定缴费制
缴费责任	给付不足或有剩余时应调整缴费率	属于完全或足额缴费
给付金额	有明确给付计算公式	有明确缴费公式，但无法预知退休后所得水平，养老保险金多寡视该基金投资绩效而定
优点	退休给付没有保障；劳工没有投资风险；由专职投资人经营投资	携带性佳；劳工有机会得到较高的投资报酬
缺点	平均退休给付之投资报酬率偏低；携带性不佳	养老保险金额不确定；劳工有投资风险

资料来源：陈听安：《国民年金制度》，中国台北：三民书局 2009 年版，第 5-9 页。

一般来说，实行现收现付社会养老保险制度的国家和地区，其养老金待遇给付方式多采用确定给付制（defined benefit，DB）。在此制度框架下，符合一定条件的退休者，其养老金待遇给付方式通过财务精算事前确定，即依照其退休前若干年平均收入或终身平均所得，乘以其服务年资等条件。而实行储金社会养老保险制度的国家，其养老金待遇给付方式多采用确定缴费制（defined contribution，DC）；在此制度下，退休者退休金的给付标准与其缴费多少有直接关联，即缴费基数乘以缴费率再乘以缴费年限，外加储金的投资报酬率。也就是说，其缴费越多，时间越长，投资报酬率越高，其退休后领取的退休金就越多（见表 3-1）。但是，基于目前以及将来越来越严重的人口老龄化问题，世界银行建议各国的社会养老保险金制度尽可能地采取储金制，养老金待遇给付方式尽可能实行确定缴费制，以减轻政府财政负担，保证养老保险基金的可持续发展。①

根据不同国家和地区在养老保险金缴费方式、养老金待遇给付方式实施方面上的异同，世界各国社会养老保险制度可以分为传统型社会养老保

① 陈听安：《国民年金制度》，中国台北：三民书局 2009 年版，第 5-9 页。

险制度、国家统筹型社会养老保险制度以及强制储蓄型社会养老保险制度等三种模式：（1）传统型社会养老保险制度规定：个人领取养老金的权利与缴费义务联系在一起，即个人缴费是领取养老金的前提，养老金水平与个人收入挂钩，基本养老金按退休前雇员历年指数化月平均工资和不同档次的替代率来计算，并定期自动调整。其主要代表性国家和地区有韩国、美国、德国和中国台湾等。（2）国家统筹型社会养老保险制度的特点是实行完全的现收现付模式，并按确定给付制的方式来确定养老金水平。养老保险费全部来源于政府税收，个人不需缴费。主要代表性国家有瑞典、挪威、澳大利亚、加拿大等。①（3）强制储蓄型老年年金制度的主要特点是强调自我保障，建立个人公积金账户，由劳动者于在职期间与其雇主共同缴纳养老保险费，劳动者在退休后完全从个人账户领取养老金，国家不再以任何形式支付养老金。主要代表性国家有新加坡②、智利③等。

---

① 国家统筹型的另一种类型是苏联所创设的，其理论基础为列宁的国家保险理论，后为东欧各国、蒙古、朝鲜以及我国改革以前所在地采用。该类型与福利国家的养老保险制度一样，都是由国家来包揽养老保险活动和筹集资金，实行统一的保险待遇水平，劳动者个人无须缴费，退休后可享受退休金。但与国家统筹型现收现付模式不同的是，其适用的对象并非全体社会成员，而是在职劳动者，养老金也只有一个层次，未建立多层次的养老保险，一般也不定期调整养老金水平。随着苏联和东欧国家的解体以及我国进行经济体制改革，采用这种模式的国家也越来越少。

② 新加坡模式是一种公积金模式。该模式的主要特点是强调自我保障，建立个人公积金账户，由劳动者于在职期间与其雇主共同缴纳养老保险费，劳动者在退休后完全从个人账户领取养老金，国家不再以任何形式支付养老金。个人账户的基金在劳动者退休后可以一次性连本带息领取，也可以分期分批领取。国家对个人账户的基金通过中央公积金局统一进行管理和运营投资，是一种完全积细小的筹资模式。除新加坡外，东南亚、非洲等一些发展中国家也采取了该模式。

③ 智利模式作为另一种强制储蓄类型，也强调自我保障，也采取了个人账户的模式，但与新加坡模式不同的是，个人账户的管理完全实行私有化，即将个人账户交由自负盈亏的私营养老保险公司规定了最大化回报率，同时实行养老金最低保险制度。该模式于20世纪80年代在智利推出后，也被拉美一些国家所效仿。强制储蓄型的养老保险模式最大的特点是强调效率，但忽视公平，难以体现社会保险的保障功能。

二、社会养老保险制度的功能

关于社会养老保险制度的功能，学术界将其归纳为赏金、人力折旧、递延工资、永久收入假说、商业权宜、激励、适当生活维持、人事机能、社会保险、依赖、生命周期及劳资合作论等方面（表 3-2）。

表 3-2　社会养老保险制度的功能

项目	主要内容
赏金	雇主对于养老保险金的发放系其自主性的施恩措施，本质上只是一种赏金的合约
人力折旧	企业雇主必须像厂房及机器设备逐年提列折旧准备一样，每年为劳工缴费养老保险金，将养老保险金视为营业费用的一部分，以保障劳工退休生活
递延工资	企业对养老保险金给付视为员工实际工资的一部分，企业在给付工资时，保留一部分逐渐累积而于劳工退休时给付
永久收入假说	只有永久的收入来源，才能维持人们的消费，以保障人们的生活
商业权宜	基于马斯洛的需求五层次理论，养老保险金可以达成员工生理需求及安全需求保障，企业承诺员工于一定服务年资或年老力衰退休离开工作时即有养老保险金，可以激励员工提升生产力
激励	企业对养老保险金给予的水平，完全视员工对企业贡献经济利益多寡而定
适当生活维持	劳工必须在其劳动期间提供适度的必需储蓄率，以保障劳工退休后的晚年生活
人事机能	企业基于道义责任，对于年老体衰之员工，因退休后赚取所得的能力减弱，故给予相当的养老保险金，以维持其老年生活
社会保险	基于互助与保险原理，养老保险金制度应与社会安全制度相互结合，应采取社会保险的方式，以加强社会安全保障之功能
依赖	社会制度与规定形成老人依赖的条件所制造的问题

续表

项目	主要内容
生命周期	个人所得随其生涯变动，青少年及老年阶段所得较低，中壮年阶段所得则较高，但一生的消费却相当平均，即在不同生命阶段的消费大致相同
劳资合作论	企业雇主与员工共同按期缴付作为养老保险金，并共同参与管理运用及分担风险

资料来源：朱顺和：《澳门公共退休金制度经济安全问题之探讨》，《“一国两制”研究》2012 年第 2 期。

第二节　养老保险是社会保障调节收入再分配中的重要方式

在构成社会保障的诸多项目中，由于保障对象、保障目标、资金来源、给付方式等因素的不同，社会保险、社会救助、社会福利（社会优抚）等项目发挥的作用、功能有着一定程度的差异。

社会保险是指以国家为责任主体，对有工资收入的劳动者的暂时或者永久丧失劳动能力，或者有劳动能力但因失去工作丧失生活来源的情况下，通过立法手段，运用社会力量，给予一定程度的收入损失补偿，保证其基本生活的制度。社会保险一般包括社会养老保险、社会医疗保险（生育保险）①、社会失业保险、社会工伤保险。社会救助是指依靠相关法律法规，政府和社会对因自然灾害或者其他原因而无法维持最低生

① 2017 年 1 月 19 日，国务院办公厅《关于印发生育保险和职工基本医疗保险合并实施试点方案的通知》（国办发〔2017〕6 号）规定：将生育保险和职工基本医疗保险合并实施。2017 年 6 月底前启动试点，试点期限为一年左右；参加职工基本医疗保险的在职职工同步参加生育保险；生育保险基金并入职工基本医疗保险基金，统一征缴；职工基本医疗保险基金严格执行社会保险基金财务制度，两项保险合并实施的统筹地区，不再单列生育保险基金收入，在职工基本医疗保险统筹基金待遇支出中设置生育待遇支出项目；两项保险合并实施后实行统一定点医疗服务管理。

活水平的无收入和低收入的个人与家庭给予帮助，满足其生存需要的制度，其目标是维持最低生活需要，给付标准一般远低于社会保险，经费来源主要是政府财税拨付或特别税捐、社会团体或个人捐赠。社会福利是指政府和社会组织通过建立文化、教育、卫生等设施，免费或优惠提供服务，以及以实物发放、货币补贴等形式，向全体社会成员或特定人群给予帮助，以保证和改善其物质文化生活的制度，可以说，社会福利基本点是免费或优惠提供某种生活用品、服务或者现金补贴，使人民的生活得到改善。

一段时期以来，我国收入分配差距持续扩大业已成为不争的事实，并成为社会各界普遍关注的热点问题。20 世纪 80 年代中期我国的基尼系数只有 0.16，2000 年上升到 0.44，2008 年高达 0.49 左右。导致收入分配差距持续扩大的原因是多方面的，但作为关乎基本民生和国家长治久安重大制度安排的社会保障制度的不健全和不完善且对于调节收入再分配效应不明显是其中的重要原因。[①] 社会保障是居民收入再分配的重要工具，无论是国际还是国内社会保障与收入分配的实践均充分体现了社会保障在居民收入分配中的重要作用。[②] 英国福利经济学家庇古（Arthur Cecil Pigou，1877—1959）从边际效用这一角度论证了个体利益与社会福利的共荣性。庇古认为，个体利益越丰厚，其收入效用就会越小。也就是说，随着个体利益的增加，其边际效用是递减的；但从整个社会的福利角度来看，在不改变国民总收入的情况下，提高个体的福利收入将提高整个社会的福利水平。[③] 作为一个重大的经济、政治和社会议题，社会保障调节收入再分配效应及其政策体系完善问题广泛地吸引了学界的注意力。完善社会保障调节收入再分配政策体系建设成为我国社会保障制度建设的重要内容。对此，党的十八大、十八届三中全会、十八届五中全会都强调，要进一步加大“健全完善以税收、社会保障、转移支付为主要手段的再分配调

① 郑功成：《论收入分配与社会保障》，《黑龙江社会科学》2010 年第 5 期。

② 王延中等：《社会保障与收入分配：问题、经验与完善机制》，《学术研究》2013 年第 4 期。

③ 庇古：《福利经济学》，北京：华夏出版社 2007 年版，第 13-14 页。

节机制”；党的十九大报告强调，要“按照兜底线、织密网、建机制的要求，全面建成覆盖全民、城乡统筹、权责清晰、保障适度、可持续的多层次社会保障体系”。党的十四届九中全会《关于坚持和完善中国特色社会主义制度 推进国家治理体系和治理能力现代化若干重大问题的决定》强调：“坚持应保尽保原则，健全统筹城乡、可持续的基本养老保险制度、基本医疗保险制度，稳步提高保障水平。加快建立基本养老保险全国统筹制度。”

在社会保障的基本组成部分中，相对于社会救助、社会福利（社会优抚）来说，社会保险的保险对象是全体劳动者，即人口中最多、最重要的部分；它所承担的风险也最多，包括劳动者在整个生命周期中发生的使用他们失去工资收入的生、老、病、伤、残、失业等所有风险；特别地，由于社会养老保险受保人享受保险待遇的时间最久、保险待遇给付的标准相对较高、所需要经费也十分庞大，它所占用的资金也是社会保障基金①中的最大部分，由此成为社会保障的主要组成部分和核心部分。基于此，本文以主要社会养老保险作为研究对象，分析社会保障调节收入再分配的效应。

① 社会保障基金是指国家和社会从已有的社会财富中提存、积累并用以援助或补偿社会保障对象的资金，是社会保障制度得以确立并能够解决特定社会问题的物质基础。

第四章

我国社会养老保险制度框架及实施

第一节　中华人民共和国成立以来我国养老保险制度的探索与构建

中华人民共和国成立六十多年以来，我国社会养老保险制度建设可以分为三个时期，即 1949—1991 年的“国家—企业”养老保险制度建设时期（也有学者称之为劳动保险时期）、1991—2009 年的“国家—社会”养老保险制度建设时期以及 2009 年以来的统筹城乡发展的社会养老保险制度建设时期。[①] 在不同历史发展时期，我国都对社会养老保险制度进行改革和探索。经过数十年的努力，城乡统筹发展中的社会养老保险制度建设取得了重要成就。目前，一个政府主导、责任分担、多层次化的新型社会养老保险制度体系，已经取代了原有的国家负责、单位（集体）包办、板块分割、封闭运行的养老保险制度体系。与社会主义市场经济发展相适应

① 郑功成等：《中国社会保障制度变迁与评估》，北京：中国人民大学出版社 2002 年版，第 78-87 页。

的、具有中国特色的社会养老保险制度框架已基本建立起来，并日益发挥着保障人民群众基本生活、增进国民福利、维护社会公平正义稳定、促进社会经济发展的重要功能。

一、1949—1991 年国家—企业养老保险制度时期的探索与构建

这一时期，我国从无到有，初步建立了适应当时生产力发展水平的城镇企业职工和国家机关、事业单位人员的社会养老保险制度，奠定了我国社会养老保险制度基本框架。

（一）城镇企业职工社会养老保险制度的建立

以新政协会议《共同纲领》关于在企业中“逐步实行劳动保险制度”的规定为立法前提，1951 年 2 月，政务院转发了劳动部和中华全国总工会制订的《劳动保险条例》。该条例对劳动保险基金的征集和管理、职员和工人退休条件和养老金待遇做了具体规定：（1）劳动保险基金的征集和管理。劳动保险基金全部由各企业行政方面或资方负担，比例为工人和职员工资总额的 3.0%，征集日期为每月 1 日—10 日；由中华全国总工会委托中国人民银行保管。（2）退休条件。一般工人与职员（主要包括雇用工人与职员人数在 100 人以上的国营、公私合营、私营及合作社经营的工厂、矿场及其附属单位与业务管理机关；铁路、航运、邮电的各企业单位及附属单位）[①] 男女分别年满 60 周岁、50 周岁，工龄分别年满 25 年、20 年，本企业工龄满 10 年（井下矿工和从事危险工作等特殊工种，可以适当提前退休），由劳动保险基金按其本企业工龄的长短，付给养老保险金。（3）养老金待遇。养老金待遇数额为本人工资 30.0%～60.0%，即这

① 1953 年 1 月修订的《劳动保险条例》，扩大了退休工人与职员的范围，包括：（1）工厂、矿场及交通事业的基本建设单位的工人与职员；（2）国营建筑公司的工人与职员。1956 年，又将退休工人与职员的范围扩大到商业、金融、粮食、供销合作、外贸、民航、水产、石油、国营农牧场、地质、造林 11 个产业和部门。自此以后，我国城镇企业职工都被纳入《劳动保险条例》所规定的退休劳动保险的范畴。

一时期的养老保险金的替代率①为 30.0%~60.0%。

（二）国家机关、事业单位人员社会养老保险制度的创立。

在《劳动保险条例》不断修订完善、城镇企业工人与职员基本上被纳入退休劳动保险范畴的同时，国家又适时制定了相关规定，将国家机关、事业单位退休工作人员的养老保险规范起来。1955 年 12 月，国务院发布了《国家机关工作人员退休处理暂行办法》《国家机关工作人员退职处理暂行办法》以及《关于处理国家机关工作人员退休、退职时计算工作年限的暂行规定》，对退休、退职的国家机关工作人员（这些规定同时适用各民主党派、各人民团体和国家机关所属事业费开支单位的工作人员）的退休条件和养老金待遇做了具体规定：（1）退休年龄。男女分别年满 60 周岁、55 周岁且工龄满 5 年的（加上参加工作以前主要依靠工资生活的劳动年限，男女工龄分别满 25 年、20 年）。（2）养老金待遇。根据年龄、工龄以及身体健康状况，养老金待遇有所不同。例如，男女工龄不满 10 年的，养老金待遇数额为本人工资的 50.0%；或者满 10 年不满 15 年的，发给本人工资的 60.0%；男女分别年满 60 周岁、55 周岁且工龄满 15 年的，或者工龄满 10 年且因劳致疾丧失工作能力的，或者因公残废丧失工作能力的，发给本人工资的 70.0%；工龄满 10 年的且因劳致疾丧失工作能力的，或者因公残废丧失工作能力的且工龄满 15 年的，发给本人工资的 80.0%。从总体上来说，退休、退职国家机关工作人员养老保险金替代率在 50.0%~80.0%之间，远高于一般职工 30.0%~60.0%的养老保险金替代率。

"文化大革命"的混乱十年，给我国社会养老保险制度建设带来巨大影响：一是取消养老保险管理机构，使符合退休条件的城镇企业职工以及

① 所谓退休所得替代率，就是指劳动者退休时的养老金领取水平与退休前工资收入水平之间的比率，其计算公式为：养老金替代率=某年度新退休人员的平均养老金/同一年度在职职工的平均工资收入×100%。它是衡量劳动者退休前后生活保障水平差异的基本指标之一。经验数据显示，退休后养老金替代率大于 70%，即可维持退休前现有的生活水平，如果达到 60%~70%，即可维持基本生活水平；如果低于 50%，则生活水平较退休前会有大幅下降。

国家机关、事业单位工作人员不能按时退休、退职；二是退休费用社会统筹被取消了，变成了“企业养老保险”或者“单位养老保险”。“文化大革命”结束后，国务院及时颁布了关于安置老干部的一些规章制度，主要有：《关于安置颁布老弱病残干部的暂行办法》（1978 年 6 月）、《关于老干部离职休养的暂行规定》（1980 年 9 月）和《关于老干部离职休养制度的几项规定的通知》（1982 年 4 月）。这结规章制度把老干部的离休作为退休的一种形式规定下来，并规定：老干部离休后的政治待遇不变，生活待遇略为从优，养老保险金替代率为 100.C%。与此同时，在总结一段时期以来实施的退休退职职工和国家工作人员暂行办法的基础上，并结合新的历史条件下的实际情况，1978 年 6 月，国务院颁布了《关于安置老弱病残干部的暂行办法》和《关于工人退休、退职的暂行办法》。这两个“暂行办法”对工人和干部的退休、退职做了分别规定，对他们的退休条件较大修改，并较大幅度地提高了养老金待遇。

这一时期，国家公职人员（包括政府机关、事业单位人员）、城镇企业员工都实行低工资、高福利制度，退休后的养老金待遇都是由国家和供职单位统包。主要特征有：实行由政府筹资的现收现付制模式，由各单位和企求负责组织实施；退休金待遇由政府统一规定并按受益基准制方式（确定给付制）确定，从而形成了“就业—福利—保障”三位一体的制度结构。在这种模式下，国家承担所有风险，同时将计划经济体制下特有的隐性社会契约（隐性养老金债务，implic.t pension debt，IPD）隐含起来；个人获得的低工资并将应得的养老金受益权转化为国有或集体资产的一部分，政府为职工收入和退休养老提供保障。① 这种养老保险制度虽然对于维护劳动者权益最基本的经济权益和免除养老后顾之忧等方面取得了一定的成绩，但因其制度存在着严重的内在缺陷而不具有可持续性，难以为继。

特别地，作为我国当时人口比例最多的城乡居民的养老保险制度没有

① 郑大松、刘昌平等：《改革开放 30 年：中国社会保障制度改革回顾、评估与展望》，北京：中国社会科学出版社 2009 年版，第 1-2 页。

得到应有的重视，一开始就有意无意地被政策制定者疏忽了，这不能不说有一点遗憾。虽然，1954 年宪法规定“劳动者在年老、疾病或者丧失劳动能力的时候，有获得物质帮助的权利”，我国农村、城镇地区建立了具有社会救济性质的较低级的家庭养老制度，但是，它属于社会救助制度的一部分，不属于养老保险的范畴。

二、1991—2009 年国家—社会养老保险制度时期的探索与构建

改革开放新时期以来，随着经济改革以及经济形势发生的深刻变化，城镇职工基本养老保险制度面临着许多难题：第一，非国有经济的快速发展和壮大，使没有企业保障制度提供养老待遇的职工人数急剧增加；第二，因种种原因而破产关闭的国有企业，使得依靠企业保障制度提供退休保障待遇的这一部分职工失去了生活来源；第三，随着人民生活水平的提前以及物价的快速上涨，必然对计划经济时期较低的养老金待遇产生冲击；而提高养老金待遇又会对加重企业的负担①；第四，由于不少国有企业因改组带来的对破产关闭企业员工、下岗职工、退休人员等社会保障资金拖欠问题日益严重；第五，退休退职人员急剧膨胀，相对地，在职职工增长比例不高，也加重了养老保险的负担。统计数据显示，1978 年全国城镇退休职工为 314 万人，到 1992 年增长为 2 598 万人；15 年间增长了 7. 3 倍；而同期在职职工从 9 499. 4 万人增加到 14 791. 9 万人②，仅增长 0. 56 倍。由此可见，原有的社会养老保险制度已经适应不了形势的发展要求，需要对养老保险制度进行进一步的改革和探索。

（一）城镇企业职工养老保险制度的改革和探索

一般来说，社会养老保险制度核心内容包括基本养老保险费的缴费办法、养老金待遇的发放办法两个方面。为了妥善解决这两个问题，建立健全与社会主义市场经济相适应的社会养老保险制度，1991 年 6 月，国务院

① 郑功成：《从企业保障到社会保障——中国社会保障制度变迁与发展》，北京：中国劳动社会保障出版社 2009 年版，第 121 页。

② 国家统计局：《中国统计年鉴 1993 年》，北京：中国统计出版社 1993 年版。

颁布了《关于企业职工养老保险制度改革的决定》，对企业职工基本养老保险费的缴费办法进行了全面改革，并由此标志着我国养老保险制度从国家—企业养老保险时期向国家—社会养老保险制度时期过渡。该决定主要内容有：逐步建立起基本养老保险与企业补充养老保险和职工个人储蓄性质养老保险相结合的多层次的养老保险制度；基本养老保险费实行国家、企业、个人三方共同负担，并实行社会统筹。经过一段时期的实践，我国城镇职工社会养老保险制度得到了快速发展。到 1995 年底，国有企业职工养老保险全部实行了市（县）级以上统筹，集体企业职工的养老保险统筹遍及全国 2 000 多个市县，非公有制企业开始逐步纳入社会统筹范围。与此同时，全国约有 1.3 万户企业为 208 万职工建立了企业补充养老保险，滚存结余基金 11.88 亿元；个人参加储蓄性养老保险的人数有 200 万人，滚存结余基金 3.41 亿元。①

1995 年 3 月，国务院下发的《关于深化企业职工养老保险制度改革的通知》借鉴、吸收当时国际上养老保险三种主要模式②的长处，对企业职工养老金待遇发放办法进行了全面改革，创造性地提出了“社会统筹+个人账户”相结合的模式，并拟定了两个具体实施办法，供各地选择实施。这两个具体实施办法基本原则是一致的，一是都明确规定基本养老保险费由单位和个人共同缴纳；二是都要求建立基本养老保险个人账户；三是都

① 劳动部、国家统计局编：《1996 年度劳动和社会保障事业发展统计公报》。

② 这三种主要模式分别为：一是传统型（traditional programs）养老保险模式（又称与雇佣相关性模式，employment-related programs）。这种模式规定：个人领取养老金的权利与缴费义务联系在一起，即个人缴费是领取养老金的前提，养老金水平与个人收入挂钩，基本养老金按退休前雇员历年指数化月平均工资和不同档次的替代率来计算，并定期自动调整；主要代表性国家和地区有韩国、美国、德国和中国台湾等。二是国家统筹型（universal programs）养老保险模式，主要特点是实行完全的“现收现付”制度，并按“支付确定”的方式来确定养老金水平；养老保险费全部来源于政府税收，个人不需缴费；主要代表性国家有瑞典、挪威、澳大利亚、加拿大等。三是强制储蓄型（compulsory saving programs）养老保险模式，主要特点是强调自我保障，建立个人公积金账户，由劳动者于在职期间与其雇主共同缴纳养老保险费，劳动者在退休后完全从个人账户领取养老金，国家不再以任何形式支付养老金；主要代表性国家有新加坡、智利等。

规定缴费满一定年限，可以按月领取基本养老金。区别在于：实施办法一记入个人账户多一点，在兼顾公平的同时，强调自我保障多一点；而实施办法二记入个人账户少一点，在强调效率的同时，比较注重保障水平的稳定与工资水平的对应关系（表 4-1）。[①]

表 4-1　1995 年社会养老保险统账结合两个实施办法比较表

		实施办法一	实施办法二
养老保险费用筹集	企业缴费	按企业职工工资的一定比例缴费	基数为全部职工缴费工资基数之和，比例由当地政府规定
	个人缴费	基数为本人上年度月平均工资（在当地职工平均工资的 60%～200% 或 300% 之间），比例从 3%起步，每 2 年提高 1%，最终达到个人账户养老保险费的 50%	基数为本人上年度月平均工资（在当地职工平均工资的 60%～200% 或 300% 之间），比例由当地政府规定
建立个人账户		本人工资 16%左右	由三部分组成：职工个人缴费全部或一部分+企业缴费中职工缴费工资基数高于 200%～300% 的全部或一部分+利息
按月计发基本养老金	条件	个人缴费满 15 年，或实行办法前连续工龄满 10 年	缴费年限满 10 年以上
	计发办法	个人账户储存额/120	社会性养老金 = 社会平均工资的 25%左右 缴费性养老金 = 本人指数化月平均工资×缴费年限×系数（1.0%-1.4%） 个人账户养老金 = 个人账户储存额全部（可一次或分次领取）

① 胡晓义主编：《走向和谐：中国社会保障发展 60 年》，北京：中国劳动社会保障出版社 2009 年版，第 87 页。

续表

	实施办法一	实施办法二
一次性养老金待遇的计发	个人账户储存额一次性支付本人	个人账户储存额一次性支付本人 社会性养老金和缴费性养老金按缴费每满1年发给相当于2个月当地社会平均工资的标准
个人余额处理办法	职工或离退休人员死亡的，个人账户余额中的个人缴费部分支付给指定的受益人或者法定继承人	职工或离退休人员死亡的，个人账户余额中的个人缴费部分支付给指定的受益人或者法定继承人

资料来源：胡晓义主编：《走向和谐：中国社会保障发展60年》，北京：中国劳动社会保障出版社2009年版，第87页。

经过各地两年多的试点后，为了将各地区的养老保险制度统一起来，1997年，国务院颁布了《关于建立统一的企业职工基本养老保险制度的决定》，其核心内容主要有以下几个方面：（1）统一规范了企业和职工个人缴纳基本养老保险费的比例。即：企业缴纳养老保险费不超过本企业工资总额的20.0%，个人缴纳比例逐年提高，最终到本人缴费工资的8.0%；（2）统一了企业职工的个人账户规模。即：按照职工本人缴费工资额的11.0%（2000年调整为8.0%，企业缴费不再向个人账户划拨）为职工建立基本养老保险个人账户，个人缴费部分全部记入个人账户，其余部分从企业缴费中划入；（3）统一了基本养老金的计发办法。即：个人缴费年限累计满15年的，退休后按月发放基本养老金，基本养老金包括基础养老金（标准为上年度职工月平均工资的20.0%）和个人账户养老金（个人账户储蓄存额的1/120①）；（4）提出了“老人老办法、新人新办法、中间人逐

① 1997年我国城镇居民平均预期寿命（e^0）为70岁，即城镇职工养老金待遇平均支付期限为10年（60岁—70岁），共120个月，故城镇职工社会养老金待遇个人账户养老金月计发标准为个人账户全部储存额的1/120。

渐过渡”的过渡方案，即：以 1997 年作为分界年，此前离退休人员为“老人”，仍实行退休金制度，同时执行养老金调整办法；此后参加工作且缴费年限累计满 15 年的人员为“新人”，退休后按月发给基本养老金；此前参加工作、此后退休且个人缴费年限累计满 15 年的人员为“中人”，在发给基础养老金和个人账户养老金的基础上再确定过渡性养老金。

但是，这一时期的养老保险的个人账户出现了不同程度的“空账运行”现象，学术界称为名义账户制（notional defined contribution，NDC）①，其原因在于养老保险个人账户刚建立不久，却要支付此前退休的为数庞大的退休职工的养老金。同时，还有为数不少的城镇个体工商户和灵活就业人员没有纳入社会养老保险制度中来。为了解决这些问题，2005 年 12 月，国务院下发了《关于完善企业职业基本养老保险制度的决定》，针对以上出现的这些问题进行了进一步的改革和完善。主要有：（1）统一城镇个体工商户和灵活就业人员参保缴费政策，以非公有制企业、城镇个体工商户和灵活就业人员参保为重点，扩大基本养老保险覆盖率；（2）逐步做实个人账户，完善社会统筹与个人账户相结合的基本养老保险制度，实现由现收现付制各部分积累制的转变；（3）改革基本养老保险金计发办法，将缴费时间长短和数额多少与待遇水平相挂钩，建立参保缴费的激励约束机制。

至此，经过自 1991 年开始的长达十多年的改革和探索，具有中国特色的城镇职工社会养老保险制度终于建立起来。以“社会统筹+个人账户”的养老保险模式、“基础养老金+个人账户养老金”养老金待遇发放方式以及“老人老办法、新人新办法、中间人逐渐过渡”的过渡方案为主要内容和主要特征的社会养老保险制度，成为与当时国际上三种主要养老保险模式并齐的另一种模式，具有极强的理论创新，也极大地丰富了社会养老保险制度的内涵。

① 名义账户制模式中建立个人账户并将其缴费计入账户，但 NDC 模式中的个人账户并没有真实的资产，个人账户只表现为记账信息，NDC 模式在财务安排上采取现收现付，其资金源于工薪税，用于当期退休人员的养老保险金的支付。

（二）国家机关、事业单位人员养老金制度的改革和探索

自中华人民共和国成立初期建立起来的国家机关、事业单位人员养老金制度，经过数十年的发展，在新的历史条件下，出现了不少问题。对此，党中央高度重视，并开始对国家机关、事业单位人员养老金制度进行改革和探索。1990 年 12 月，党的十三届七中全会在通过的《中共中央关于制定国民经济和社会发展十年规划和第八个五年计划的建议》中，提出要“按照国家、集体和个人共同合理负担的原则，在城镇各类职工中逐步建立社会养老保险制度”。在 1991 年 6 月下发的《关于企业职工养老保险制度改革的决定》中，进一步明确“国家机关、事业单位和农村（含乡镇企业）的养老保险制度改革，分别由人事部、民政部负责，具体办法另行制定”。1992 年 1 月，人事部在专门印发的《关于机关、事业单位养老保险制度改革有关问题的通知》中明确了机关、事业单位养老保险制度改革的发展方向，即：按照国家、集体、个人共同合理负担的原则，逐步改变退休金实行现收现付、全部由国家包下来的做法，本着既要保证经济的发展，也要有适当积累的思想，统筹安排养老保险基金，建立国家统一的、具有中国特色的机关、事业单位社会养老保险制度。这一改革思路和方向与城镇职工养老保险制度的改革是相一致的。此后，一些地区按照这一构想相继开展了机关、事业单位养老保险制度的改革试点工作。至 2008 年底，全国机关、事业单位参保人员为 1 940 万人，其中在职职工为 1504 万人，离退休人员 436 万人。

与此同时，在 1993 年机关、事业单位工作人员工资制度改革和 2006 年机关、事业单位工资制度改革时，两次对离退休费的计发基数和计发比例进行了相应调整。公务员退休费根据工作年限按照本人退休前基本工资的 50. 0%～90. 0%计发，事业单位工作人员则按照本人退休前基本工资的 70. 0%～90. 0%计发。

为了进一步推进机关、事业单位养老保险制度的改革试点工作，2008 年 3 月，国务院转发了劳动保障部、财政部、人事部制订的《事业单位工作人员养老保险制度改革试点方案》。改革的主要内容有：（1）实行社会

统筹与个人账户相结合的基本养老保险制度。基本养老保险费由单位和个人共同负担，单位缴纳不超过单位工资总额20.0%的部分，实行社会统筹；个人缴纳本人缴费工资8.0%的部分，建立个人账户。（2）基本养老金的计发办法。以该方案实施时间作为分界年，视其情况，养老保险金待遇实行“老人老办法、新人新办法、中间人逐渐过渡”的过渡方案。（3）根据职工工资增长和物价变动等情况，建立基本养老金正常调整机制。可以说，事业单位工作人员养老保险制度的改革和城镇职工养老保险制度的改革内容、方向基本上是相同的。该“试点方案”出来后，选择山西、上海、浙江、广东、重庆五省（市）进行先期试点，但因为种种原因，最后都无始而终，不了了之。

（三）农村居民社会养老保险制度改革和探索

改革开放新时期后的20世纪80年代，随着农村集体经济契约的分化、集体组织优势的丧失，农村养老的物质负担又回归到家庭。但是，处于社会转型时期的农村在工业化持续强化以及土地经济保障能力持续弱化的冲击下，回归家庭的农村社会养老保险面临着经济层面的巨大挑战。这种情况引起了政府的极大关注。从20世纪80年代初期开始，政府在改革城市社会保障制度的同时，在一些经济比较比较发达的农村地区进行了建立农村社会养老保障制度的探索。但是，这一时期农村社会养老保险制度建设主要是以乡、村社区为依托，资金主要由集体负责，按商业模式运行，由于社会养老保险的层次过低、范围过小，资金筹集困难，保险公司又没有积极性，总的来说，取得的效果非常有限。

随着我国工业化进程中越来越多的农村青壮劳动力持续进城务工，农村家庭逐步小型化，使得家庭养老的压力增加，而市场经济的背景下家庭经济收入的不确定性，特别是随着农村老年人口快速增多使得家庭养老步履维艰。到20世纪90年代初期，作为“社会保障基点”的家庭养老走到了十字路口，迫切需要由政府承担起应有的责任来。面对这一情况，1991年6月，民政部在总结试点经验的基础上颁发了《县级农村社会养老保险基本方案（试行）》，决定从1992年1月1日起在全国范围内建立农村社会养老保险制度。该方案确定了农村社会养老保险制度的一些基本原则：(1) 个人、集体、国家三方共同付费，由社会统筹解决农村养老问题的新思路；(2) 以县为单位，根据农民自愿原则，在政府组织引导下，从农村和农民的实际出发，建立养老保险基金；(3) 保险基金以农民个人交纳为主（月交费标准设有 2 元、4 元、6 元、8 元、10 元、12 元、14 元、16 元、18 元、20 元十个档次），集体补助为辅（集体补助主要从乡镇企业利润和集体积累中支付，其具体补助比例一般不超过 50.0%），国家予以政策扶持，实行储备积累的形式，并根据积累的资金总额和预期的平均领取年限领取养老金；农民个人缴纳的保险费和集体补助全部记在个人名下；并选择在山东、湖北、江苏等省开展了大范围的农村社会养老保险试点工作。截至 1995 年，全国已有 26 个省（自治区、直辖市）制定了关于农村社会养老保险的文件，其中不少地区还制定了农村社会养老保险的地方性法规；有 30 个省（自治区、直辖市）的 1 400 多个县（市、区、旗）开展了农村社会养老保险工作，全国参加社会养老保险的农村人口已有近 5 000万人，积累保险基金 32.0 亿元①，形成了一定的规模。

进入 21 世纪后，随着日益增强的国家财力为解决农村社会养老保险提供了厚实的经济基础，政府加快了农村社会养老保险的进程。2002 年党的十六大首次将建立健全农村社会养老保险与解决“三农”问题结合起来，提出了在“有条件的地方，探索建立农村养老、医疗保险和最低生活保障制度”。2004 年党的十六届四中全会提出了“健全社会保险、社会救助、社会福利和慈善事业相衔接的社会保障体系”的目标。2006 年党的十六届六中全会提出将“社会保险、社会救助、社会福利和慈善事业相衔接的社会保障体系”的发展目标确定为“覆盖城乡居民的社会保障体系的发展目标”。2007 年党的十七大报告明确将建立覆盖城乡居民的社会保障体系列为“加快推进以改善民生为重点的社会建设”的一项重要任务。2008 年中央在《关于推进农村改革发展若干重大问题的决定》中，提出按照个人缴

① 劳动部、国家统计局编：《1995 年度劳动和社会保障事业发展统计公报》。

费、集体补助、政府补贴相结合的模式建立新型农村社会养老保险制度。根据中央关于农村社会养老保险工作的总体安排，2006 年，劳动和社会保障部选择在北京大兴区等 7 省 8 县（市、区）进行新型农村社会养老保险制度的试点工作；2007 年提出了“建立以个人账户为主、保障水平适度、缴费方式灵活、账户可随人转移的新型农村社会养老保险制度和参保补贴机制”。在国家一系列政策的推动下，农村社会养老保险工作逐渐在全国恢复并迅速展开。到 2008 年末，全国参加农村养老保险人数为 5 595.0 万人（占全国农村老年人口的 7.8%），比上年末增加 424.0 万人；全年共有 512.0 万农民领取了养老金，比上年增加 120.0 万人；全年共支付养老金 56.8 亿元，比上年增加 42.0%；年末农村养老保险基金累计结存 499.0 亿元。① 但参保人数即农村社会养老保险覆盖率 7.8%较城镇地区的 36.01%相差甚远。这意味着，现行农村社会养老保险制度不能满足广大农民的需求。

1992 年 1 月由民政部颁布的《县级农村社会养老保险基本方案（试行）》（简称“老农保”）的制度设计框架包括三个方面，即，“以个人缴费为主、集体补助为辅、国家予以政策支持”。这实际上体现了以农民自我保障为主、互助互济为辅，不给政府背包袱的原则。但是在实际运作过程中，大多数集体经济无力或者不愿对农村社会养老保险给予补助，而“国家政策支持”则主要体现在对农民参加社保所给予的政策优惠上，如在保险基金运营工作中免征增值税。由于存在资金方面难以兑现的问题，农村社会养老保险实际上变成了农民个人储蓄。另外，“基本方案”在对于缴费没有任何经济激励的情况下，所设计的“自愿性参保原则”使得保费收缴成为农村社会保险难以解决的主要问题之一。因为社会保障的基本理念是普遍性和权利性，也就是说社会全体成员都平等地拥有生存的权利，而这种普遍性的生存权利依赖于全体社会成员的互助互济，体现着社会成员之间的社会连带关系。从这个意义上来说，强制性是社会保险的重

① 人力资源和社会保障部、国家统计局编：《2008 年度人力资源和社会保障事业发展统计公报》。

要要件，即符合参保条件的对象都应该无条件地参加社会保险，以达到全体社会成员的互助互济的效果。至于如何实现社会保险中的“强制性”原则，一般都是通过相关法律法规来推行。没有这一条作为保证，逆选择将会使社会保险最终陷入困境，因为只要是自愿缴费的，风险小的人就不会有太高的积极性，他们会选择从保险中退出，从而又可能引发社会保险制度崩溃的恶性循环。“农村社会养老保险”制度就有效规避了这一点。其“个人缴费、集体补助、政府补贴”制度设置框架，是以政府财政补贴作为基础的，从而有效地激发广大农民参保的积极性。

（四）农民工社会养老保险制度改革和探索

农民工是我国改革开放和工业化、城镇化进程中涌现的一支新型劳动大军，他们广泛分布在国民经济的各个行业，为城市繁荣、农村发展和国家现代化建设做出了重大贡献。从数量来看农民工是一个庞大的社会阶层。但从社会地位来看，却是一个生活在城市里的边缘群体。“农民工”这个职业身份群体，正如称谓所表明的反映的是一种极为矛盾的现实。他们“既非传统意义上的城镇居民，亦非传统意义的农村居民，是一个与农民和市民均不同质的群体”。这种非农非工的职业身份，决定了他们是社会弱势群体，表现为他们在工资收入、劳动安全、社会保障、培训就业、子女上学、生活居住等劳动经济权益方面存在诸多困难。

为了解决农民工这个特殊群体的社会养老保险问题，2001 年 12 月，劳动和社会保障部在下发的《关于完善城镇职工基本养老保险政策有关问题的通知》中明确规定：参加养老保险的农民工的参保缴费、待遇计发等方面与城镇职工实行相同的标准。但是，由于面临着缴费水平高、转移接续难等问题，农民工参保积极性不高。至 2008 年底，参加养老保险的农民工只有 2416.0 万人，只占在城镇就业农民工的 17.0%；至 2012 年末，参加基本养老保险的农民工人数只有 4 543.0 万人，所占比例也比较低。针对这一情况，2006 年，中共中央、国务院《关于推进社会主义新农村建设的若干意见》提出：要逐步建立务工农民社会保障制度，探索适合务工农民特点的养老保险办法。同年，国务院《关于解决农民工问题的若

干意见》提出：要“抓紧研究低费率、广覆盖、可转移，并能够与现行的养老保险制度衔接的农民工养老保险办法”。2009年2月，人力资源和社会保障部将拟制的《农民工参加基本养老保险办法》面向社会公开征求意见。相对于此前的规定，该办法降低了缴费比例：单位缴费比例为12.0%，农民工个人缴费比例为4.0%~8.0%；同时允许转移接续。

这一时期，我国在前一时期创立的城镇企业职工、事业单位人员社会养老保险制度的基础上，对农村居民和农民工特殊群体的社会养老保险制度都进行了不同程度和改革和探索，积累了一定的经验。特别地，经过长时期的理论探索和实践检验，创立了与中国国情相适应的、具有中国特色的社会养老保险制度模式，即“社会统筹+个人账户’模式。这是对世界社会养老保险制度模式的重大贡献，具有重要的理论意义。

三、2009年以来统筹城乡发展的社会养老保险制度时期的探索与构建

经过数十年的艰苦努力，我国养老保险制度建设取得了一定成绩。对此，党的十八大报告概括为“社会保障体系建设成效显著，城乡基本养老保险制度全面建立”。面对新的历史时期，党的十八大提出了“统筹推进城乡社会保障体系建设”的目标和任务。在此基础上，党的十八届三中全会在通过的《关于全面深化改革若干重大问题的决定》中，提出了“建立更加公平可持续的社会保障制度”的目标和任务。按照中央的统一部署，我国社会养老保险制度覆盖面迅速向农村居民、城镇居民延伸，在相继建立健全了新型农村社会养老保险制度、城镇居民社会养老保险制度的基础上，又对这两种制度进行了整合，在全国范围内建立了统一的城乡居民基本养老保险制度。

（一）农村社会养老保险制度的改革与探索

在2008年国务院机构改革中，原来的劳动和社会保障部与人力资源部合并为人力资源和社会保障部；并接管了农村社会养老保险工作。2009年9月，国务院下发了《关于开展新型农村社会养老保险试点的指导意见》

（简称“农村社会养老保险”），该意见规定“农村社会养老保险”试点工作的基本原则，即为“保基本、广覆盖、有弹性、可持续”。其主要内容有：（1）基金筹集：农村社会养老保险基金由个人缴费、集体补助、政府补贴构成；个人缴费、集体补助及其他经济组织、社会公益组织、个人对参保人缴费的资助，地方政府对参保人的缴费补贴，全部记入个人账户。（2）养老金待遇：养老金待遇由基础养老金和个人账户养老金构成；中央确定的基础养老金标准为每人每月55.0元，个人账户养老金的月计发标准为个人账户储存额除以139①（与现行城镇职工基本养老保险个人账户养老金计发系数相同）。（3）领取条件 参加农村社会养老保险制度的农村居民，只要年满60周岁②，就可以按月领取养老金。按照国务院计划，2009年农村社会养老保险试点覆盖面为全国10.0%的县（市、区、旗），再逐步扩大试点，在全国普遍实施，2020年之前基本上实现对农村适龄居民的全覆盖③，这意味着“中国农民60岁以后都将享受到国家普惠式的养老金”。

截至2011年末，全国有27个省（自治区、直辖市）的1 914个县（市、区、旗）和4个直辖市部分区县开展农村社会养老保险试点，其中北京、浙江、江苏、宁夏、西藏等9个省（区）实现农村社会养老保险制度的全覆盖；参保人数达到32 643.0万人，有8 525.0万人领取了基础养

① 2009年我国农村居民平均预期寿命（e^0）为71.5岁，即农村居民养老金待遇平均支付年限为11.6年（60岁—71.6岁），共139.2月，故农村居民养老金待遇个人账户养老金月计发标准为个人账户全部储存额的1/139。

② 新农保制度实施时，已年满60周岁、未享受城镇职工基本养老保险待遇的，不用缴费，可以按月领取基础养老金，但其符合参保条件的子女应当参保缴费；距领取年龄不足15年的，应按年缴费，也允许补缴，累计缴费不超过15年；距领取年龄超过15年的，应按年缴费，累计缴费不少于15年。

③ 新农保制度颁布时的进程安排为，“2009年试点覆盖面为全国10.0%的县（市、区、旗），以后逐步扩大试点，在全国普遍实施，2020年之前基本实现对农村适龄居民的全覆盖。”但到2010年底，新农保试点覆盖面为23%。由于试点工作进展比较顺利，2011年6月20日，国务院决定加快新农保试点进度，并提出了在2013年内基本实现新农保制度在全国全覆盖的目标。

老金；全年农村社会养老保险基金收入1 070.0亿元，其中个人缴费 415.0 亿元，支出 588.0 亿元，累计结存 1 199.0 亿元。[①]

（二）城镇居民社会养老保险制度的建立

农村社会养老保险制度建立以后，只有年满 16 周岁、不符合职工基本养老保险参保条件的城镇非从业居民没有纳入我国社会养老保险制度体系中来。对此情况，2011 年 6 月，国务院在下发的《关于开展城镇居民社会养老保险试点的指导意见》（简称“城居保”）中强调：按照“保基本、广覆盖、有弹性、可持续”的基本原则，建立城镇居民社会养老保险制度。具体时间安排为：2011 年 7 月 1 日启动试点工作，实施范围与农村社会养老保险试点基本一致，到 2012 年基本实现“城居保”的全覆盖。

“城居保”的基金筹集、养老金待遇、领取条件与农村社会养老保险基本上一致，即：城居保基金主要由个人缴费和政府补贴构成，个人缴费部分进入个人账户；养老金待遇由基础养老金和个人账户养老金构成，中央确定的基础养老金标准为每人每月 55.0 元，个人账户养老金的月计发标准为个人账户储存额除以 139（与现行职工基本养老保险及农村社会养老保险个人账户养老金计发系数相同）；参加城居保的城镇居民，只要年满 60 周岁，就可以按月领取养老金。

该制度同时对与相关制度的衔接问题进行了规定：“有条件的地方，城镇居民养老保险应与农村社会养老保险合并实施。其他地方应积极创造条件将两项制度合并实施。城镇居民养老保险与职工基本养老保险等其他养老保险制度的衔接办法，由人力资源社会保障部会同财政部制定。”这一规定为城居保与农村社会养老保险的衔接作为前期的制度性准备。

（三）城乡居民社会养老保险制度的合并实施

到 2013 年底，我国农村社会养老保险及城居保都按照预定计划完成了制度的覆盖面任务，国务院顺应形势要求，适应将农村社会养老保险和城

① 劳动部和社会保障部、国家统计局编：《2012 年度劳动和社会保障事业发展统计公报》。

居保两项制度合并实施，在全国范围内建立统一的城乡居民基本养老保险（简称“城乡居民养老保险”）制度。2014 年 2 月，国务院下发了《关于建立统一的城乡居民基本养老保险制度的意见》，该意见强调：按照全覆盖、保基本、有弹性、可持续的方针，以增强公平性、适应流动性、保证可持续性为重点，全面推进和不断完善覆盖全体城乡居民的基本养老保险制度。在基金筹集、建立个人账户、养老金待遇及调整、领取条件等方面，城乡居民养老保险制度与农村社会养老保险、城居保的规定基本上一致。

特别地，城乡居民养老保险制度还对制度的“转移接续与制度衔接”问题做了特别说明，这为将来城乡居民养老保险制度与其他社会养老保险制度进行衔接性作为铺前期的制度性准备。

（四）国家机关、事业单位人员社会养老保险制度的体系基本形成

这一时期，我国社会养老保险制度改革和探索的最大成效在于国家机关、事业单位人员社会养老保险制度的体系基本形成。

党的十八大报告明确提出，要坚持全覆盖、保基本、多层次、可持续的方针，以增强公平性、适应流动性、保证可持续性为重点，全面建成覆盖城乡居民的社会保障体系。党的十八届三中全会通过的《中共中央关于全面深化改革若干重大问题的决定》特别强调要“推进机关事业单位养老保险制度改革”，“建立更加公平可持续的社会保障制度”。十八届四中全会要求切实加强社会保障法治建设。2014 年 5 月 15 日颁布《事业单位人事管理条例》第三十五条规定“事业单位及其工作人员依法参加社会保险，工作人员依法享受社会保险待遇”。

根据中央的总体部署和安排，2014 年 12 月 23 日，国务院向全国人大常委会所做的《关于统筹推进城乡社会保障体系建设工作情况的报告》明确提出要进一步推进国家公职人员养老保险金制度的改革，建立与城镇企业职工统一的、“社会统筹+个人账户”相结合的社会养老保险制度，并确

定了“一个统一、五个同步”改革的基本思路。[①] 在此基础上，2015 年 1 月3 日，国务院《关于机关事业单位工作人员养老保险制度改革的决定》对机关、事业单位工作人员养老保险制度的实施办法做了具体规定。[②] 至目前，全国绝大多数省（区、市）已经公布了实施方案。

这一时期，我国社会养老保险制度建设主要任务是实现对全体国民的全覆盖。因此，在国家财力许可的背景下，颁布了针对农村居民、城镇居民群体以及国家公职人员（包括公务员、事业单位人员）的社会养老保险制度，实现了对所有人群的全覆盖。在此基础上，并适时对农村居民、城镇居民的社会养老保险制度进行合并，建立城乡居民的社会养老保险制度。特别地，农村居民、城镇居民和国家公职人员社会养老保险制度的成功合并实施，为以后我国各类社会养老保险制度的合并积累了经验。

第二节 我国城乡居民社会养老保险的制度框架

根据农村居民社会养老保险制度制定过程中的政府责任以及农村社会养老保险工作的实际运作情况，可以分为以下四个阶段。

一、20 世纪 80 年代：农村社会养老保险制度的试点时期

在计划经济时期，我国实行的是以国家（通过中央政府以及地方各级政府）为主要责任主体、城乡单位担负共同责任并一起组织实施的较为完

① “一个统一”，即党政机关、事业单位建立与企业相同基本养老保险制度，实行单位和个人缴费，改革退休费计发办法，从制度和机制上化解“双轨制”矛盾。“五个同步”，即机关与事业单位同步改革、职业年金与基本养老保险制度同步建立、养老保险制度改革与完善工资制度同步推进、待遇调整机制与计发办法同步改革、改革在全国范围同步实施。

② 具体实施办法为：基本养老保险费由单位和个人共同负担。单位缴纳基本养老保险费的比例为本单位工资总额的 20%，个人缴纳基本养老保险费的比例为本人缴费工资的 8%，由单位代扣。按本人缴费工资 8%的数额建立基本养老保险个人账户，全部由个人缴费形成。个人工资超过当地上年度在岗职工平均工资 300%以上的部分，不计入个人缴费工资基数；低于当地上年度在岗职工平均工资 60%的，按当地在岗职工平均工资的 60%计算个人缴费工资基数。

整的社会保障制度。在这种制度安排下，国家直接承担着统一制定各项社会保障政策、直接供款和组织实施有关社会保障事务的责任，城镇职工单位负责缴纳职工的劳动保险费用，农村集体则担负着“五保户”供养①和优待烈军属等责任。② 因此，这一时期的我国农村居民社会养老保险制度几乎是一片空白。

改革开放新时期后的20世纪80年代，随着农村集体经济契约的分化、集体组织优势的丧失，农村养老的物质负担又回归到家庭。但是，处于社会转型时期的农村在工业化持续强化以及土地经济保障能力持续弱化的冲击下，回归家庭的农村社会养老保险面临着经济层面的巨大挑战。这一时期，我国家庭户规模持续缩小，由两代人组成的家庭核心家庭模式逐渐取代传统的大家庭模式。2010 年我国平均家庭户规模分别为 3.40 人，而 2000 年、1990 年则分别为 3.59 和 3.80 人。另一方面，由于人口老龄化持续加快以及因为人口控制政策而导致子女生育数量的减少，越来越多的“四、二、一”“四、二、二”家庭使老年赡养系数迅速上升；再加上城市化过程中更多的农村劳动力人口进城务工，农村家庭养老功能渐趋弱化甚至退化。为了解决这一问题，从 20 世纪 80 年代初期开始，政府在改革城市社会保险制度的同时，在一些经济比较发达的农村地区进行了建立农村社会养老保险制度的探索。为了从政策层面对农村社会养老保险试点工作的重视，1985 年中央在通过的“关于制定国民经济和社会发展第七个五年计划的建议”中明确提出要“抓紧研究建立农村社会保险制度，并根据各地的经济发展情况，进行试点，逐步实行”。在政府的推动下，到 1989 年底，全国共有 19 个省（自治区、直辖市）的 800 多个乡、8 000 多个村开始实行农村养老保险制度的试点工作。但是，由于社会养老保险的层次过

① 农村五保供养是指对农村地区“三无”（无法定扶养义务人或者虽有法定扶养义务人但是扶养义务人无抚养能力；无劳动能力；无生活来源的）和“五保”（吃、穿、住、医、葬）老人、残疾人和未成年人，政府对其在生活方面等方面给予保障的办法。根据 2006 年 3 月 1 日起施行《中华人民共和国农村五保户供养工作条例》的相关规定，“农村五保供养”是指在吃、穿、住、医、葬方面给予村民的生活照顾和物质帮助。

② 郑功成等：《中国社会保障制度变迁与评估》，北京：中国人民大学出版社 2002 年版，第 5 页。

低、范围过小，资金筹集困难，商业保险公司又没有积极性，总的来说，这一时期我国农村居民社会养老保险制度试点工作取得的效果非常有限。

二、1991—1998 年：农村居民社会养老保险制度的探索时期

家庭养老是前工业化社会的普遍形式，这种保障来自二代及以上同堂的家庭结构。它不仅基本上能够满足老年人生活上的需要，还可以使家庭成员之间经常互动，对于满足老年人生活方面的需要也有重要作用。但是，随着工业化进程中越来越多的农村青壮劳动力持续进城务工，农村家庭逐步小型化，使得家庭养老的压力增加，而市场经济的背景下家庭经济收入的不确定性，特别是随着农村老年人口快速增多使得家庭养老步履维艰。到 20 世纪 90 年代初期，作为“社会保障基点”的家庭养老走到了十字路口，需要由政府承担起应有的责任来。因此，1991 年 6 月，民政部发布了《县级农村社会养老保险基本方案（试行）》（简称“旧农保”）①，决定从 1992 年 1 月 1 日起在全国范围内建立农村社会养老保险制度。

为了解决农村社会养老保险工作在实施过程中出现的诸如“思想认识不统一、管理还不够规范、少数地方挪用保险基金”等问题，1995 年 10 月，国务院办公厅在转发的民政部《关于进一步做好农村社会养老保险工作意见的通知》中强调：（1）今后一个时期，具备条件的地区要积极发展农村（含乡镇企业）的社会养老保险事业；（2）各级民政部门要把加强管理摆上重要位置，在实践中不断完善管理办法；（3）各级政府要切实加强对基金的管理和监督，严肃财经纪律，严格基金运作，建立健全各项财务会计制度。这一时期，我国农村社会养老保险工作呈现出蓬勃发展的态势。到 1997 年底，全国 2 200 多个县（市、区、旗）开展这项工作，8 200万农民参加社会养老保险制度，形成了农村社会养老保险的一个高峰期。

---

① 为了与 2009 年 9 月国务院颁布的《关于开展新型农村社会养老保险试点的指导意见》区别开来，学术界一般将 1991 年 6 月由民政部颁布的《县级农村社会养老保险基本方案（试行）》称为“旧农保”，而将前者称为“新农保”。

三、1998—2009 年：农村居民社会养老保险制度的整顿与恢复时期

正当农村社会养老保险工作逐渐迈入正轨之时，20 世纪 90 年代复杂的经济形势对其产生了巨大冲击，从而使其又走入低谷。1998—2009 年，农村社会养老保险制度经过了一个整顿与恢复时期。从总体上来说，可分为两个时期：（1）1998—2003 年的整顿时期。1998 年，我国农村社会养老保险制度面临着复杂的困境。一方面，由于农村社会养老保险工作管理部门的转换而使其性质、基金管理形式和经办机构、风险状况等问题成为讨论焦点。另一方面，20 世纪 90 年代初期过热的经济使银行存款利率一路走高，在 1993 年达到了顶峰。以三年期定期存款利率为例，当年达到了 12. 24%。农村社保基金的利率也水涨船高，1994 年为 12. 00%。之后，银行利率迅速下降，并影响到社保基金的收益。特别地，不少地方出现了挪用、贪污社保基金等违法乱纪现象，导致基金收支平衡恶化。面对当时复杂的经济形势，国务院决定暂停农村社会养老保险工作。受到这些因素的冲击，业已开展的社会养老保险的参保人数出现了大幅下降、基金运行困难。（2）2003—2009 年的恢复时期。随着日益增强的国家财力为解决农村社会养老保险提供了厚实的经济基础，政府加快了农村社会养老保险的进程。2007 年提出了“建立以个人账户为主、保障水平适度、缴费方式灵活、账户可随人转移的新型农村社会养老保险制度和参保补贴机制”。在国家一系列政策的推动下，我国农村社会养老保险工作逐渐恢复。

四、2009 年之后：农村居民社会养老保险制度的创新发展时期

2009 年 8 月，全国新型农村社会养老保险试点工作会议召开，会议决定从 2009 年起开展新型农村社会养老保险试点工作。2009 年 9 月，国务院下发了《关于开展新型农村社会养老保险试点的指导意见》（简称“新农保”）。该意见规定“农村社会养老保险”试点的基本原则，即为“保基本、广覆盖、有弹性、可持续”，具体来说包括以下几个方

面：(1) 从农村实际出发，低水平起步，筹资标准和待遇标准要与经济发展及各方面承受能力相适应；(2) 个人（家庭）、集体、政府合理分担责任，权利与义务相对应；(3) 政府主导和农民自愿相结合，引导农村居民普遍参保；(4) 中央确定基本原则和主要政策，地方制定具体办法，对参保居民实行属地管理。按照国务院计划，2009 年农村社会养老保险试点覆盖面为全国 10.0% 的县（市、区、旗），再逐步扩大试点，在全国普遍实施，2020 年之前基本上实现对农村适龄居民的全覆盖①，这意味着“中国农民 60 岁以后都将享受到国家普惠式的养老金”。“农村社会养老保险”制度克服了“老农保”中参保对象缴费水平低、无政府补贴等缺陷，实行“个人缴费、集体补助、政府补贴”相结合，是符合中国农村情况的一种较为完善的社会养老保险制度，受到了广大农民的欢迎，实施效果较为明显。

五、城乡居民社会养老保险制度的合并实施

到 2013 年底，我国农村社会养老保险及城居保都按照预定计划完成了制度的覆盖面任务，国务院顺应形势要求，适应将农村社会养老保险和城居保两项制度合并实施，在全国范围内建立统一的城乡居民基本养老保险（简称“城乡居民养老保险”）制度。2014 年 2 月，国务院下发了《关于建立统一的城乡居民基本养老保险制度的意见》，该意见强调：按照全覆盖、保基本、有弹性、可持续的方针，以增强公平性、适应流动性、保证可持续性为重点，全面推进和不断完善覆盖全体城乡居民的基本养老保险制度。在基金筹集、建立个人账户、养老金待遇及调整、领取条件等方面，城乡居民养老保险制度与农村社会养老保险、城居保的规定基本上一致。

特别地，城乡居民养老保险制度还对制度的“转移接续与制度衔接”

---

① 2010 年我国新型农村社会养老保险制度试点覆盖面为 23%。由于“新农保”工作进展比较顺利，2011 年 6 月 20 日，国务院决定加快“新农保”的试点进度，并提出了在 2013 年内基本实现“新农保”制度在全国全覆盖的目标。

问题做了特别说明，这为将来城乡居民养老保险制度与其他社会养老保险制度进行衔接做了前期的制度性准备。

六、我国农村居民社会养老保险制度的评价

我国农村居民社会养老保险制度经过了20世纪80年代的试点、1991—1998年的探索、1998—2009年的整顿与恢复以及2009年至今的创新发展四个阶段，其一波三折的发展历程是社会经济体制由计划经济转向市场经济以及由此带来的社会经济结构变化等的客观结果。不同阶段的农村社会养老保险制度建设取得的成绩是不相同的。20世纪80年代试点时期的农村社会养老保险制度建设主要是在一些经济比较发达的农村地区进行的探索。一些乡镇通过试验，建立了比较规范的农村社会养老保险制度。但这一时期，由于农村社会养老保险的层次过低、范围过小，资金筹集困难，保险公司又没有积极性，取得的成效有限。1991—1998年的探索时期，政府主管部门颁发了指导性文件，并适时进行总结、推广。这一时期的农村社会养老保险，无论是在参保人数、还是养老金滚存结余等方面都形成了一定的规模。但由于在制度设计方面的先天不足，导致河北省农村社会养老保险制度进入长达十年的整顿与恢复时期。2009年至今，我国农村社会养老保险制度建设进入创新发展时期，农村社会养老保险工作呈现出蓬勃发展的态势，但在将来一定时期内仍面临着不少困难和问题，期待着得到进一步的创新发展。河北省农村社会养老保险制度建设一波三折的发展历程，有着深刻的背景，主要体现在以下几个方面：

（一）制度设计的缺陷

《农村基本养老保险试行办法》的制度设计框架包括三个方面（图4-1），即“以个人缴费为主、集体补助为辅、国家予以政策支持”。这实际上体现了以农民自我保障为主、互助互济为辅，不给政府背包袱的原则。但是在实际运作过程中，大多数集体经济无力或者不愿对农村社会养老保险给予补助，而“国家政策支持”则主要体现在对农民参加社保所给予的政策

优惠上，如在保险基金运营工作中免征增值税。由于存在着资金方面难以兑现的问题，农村社会养老保险实际上变成了农民个人储蓄。我国“农村基本养老保险试行办法”制度设计的框架见图 4-1。

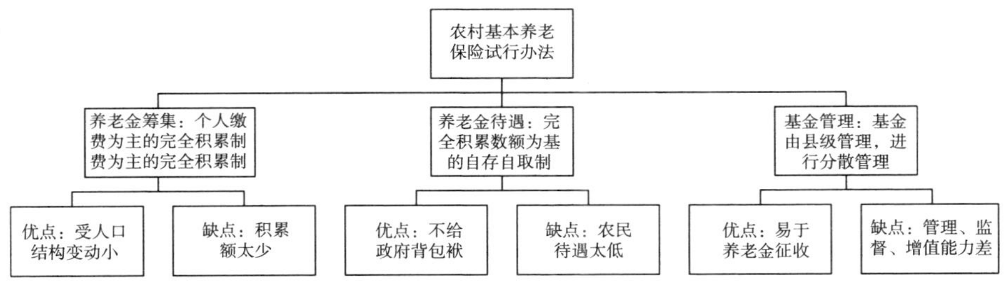

图 4-1　“农村基本养老保险试行办法”制度设计的框架图

同时，“农村基本养老保险试行办法”在对于缴费没有任何经济激励的情况下，所设计的“自愿性参保原则”使得保费收缴成为农村社会保险难以解决的主要问题之一。因为社会保障的基本理念是普遍性和权力性，也就是说社会全体成员都平等的拥有生存的权力，而这种普遍性的生存权利依赖于全体社会成员的互助互济，体现着社会成员之间的社会连带关系。从这个意义上来说，强制性是社会保险的重要要件，即符合参保条件的对象都应该无条件地参加社会保险，以达到全体社会成员的互助互济的效果。至于如何实现社会保险中的“强制性”原则，一般都是通过相关法律法规来推行。没有这一条作为保证，逆向选择将会使社会保险最终陷入困境，因为只要是自愿缴费的，风险小的人就不会有太高的积极性，他们会选择从保险中退出，从而又可能引发社会保险制度崩溃的恶性循环。“农村社会养老保险”制度就有效规避了这一点。其“个人缴费、集体补助、政府补贴”制度设置框架，是以政府财政补贴作为基础的，从而有效地激发广大农民参保的积极性。

（二）政府责任的回避

由于在社会养老保险中受保人享受保险待遇的时间长，待遇给予的标准相对较高，且随着老年人口的增多，投入的资金也会越来越多。因此，在社会养老保险制度建设过程中，政府必须承担投入相当的资金的责任。

从我国农村社会养老保障制度的演变过程来看，不同时期政府承担的责任是不相同的。在计划经济的背景下，政府通过集体承担了几乎所有社会成员的养老保障，农村地区失去了开展社会养老保险的可能性和必要性。20世纪80年代，由于家庭联产承包责任制的实施使原有建立在人民公社体制基础上的农村集体保障失去了经济基础，农村社会的养老保障又迅速回归家庭养老。这一时期，政府和集体在农村社会养老保险问题上的财政责任迅速消退。20世纪90年代后，随着工业化进程中农村青壮劳动力大量进城务工、农村土地保障功能的严重供给不足以及家庭经济收入的不确定性都给农村老人家庭养老带来了威胁。“老农保”制度应运而生。按照国际惯例，社会保险费用大部分应来自政府，但“受益人必须首先是缴费者”的规定，使得相当一部分农村地区由于农民个人无能力缴费而被排斥在制度之外，没有成为这一制度的受益者，从另一个层面来说，就是政府回避了在社会养老保险方面本应该所承担的社会责任。这也是我国农村社会养老保险制度建设经历了十年期反反复复的重要原因。在改革开放的30年后，随着以人为本理念的深入人心以及国家财力的丰厚，政府承担了农村社会养老保险制度建设过程中的责任，体现在制度设计方面就是“个人缴费、集体补助、政府补贴”。它有效克服了“老农保”中参保对象缴费水平低、无政府补贴等制度缺陷。

但农村社会养老保险制度的筹资也存在着一些问题。第一，个人缴费设定的100—500元档次，相当于农村人均纯收入的2.0%~10.0%。例如，2009年河北省农村居民人均纯收入为5 150元，减去同期人均生活消费支出的3 350元后，还剩1 800元。即农村社会养老保险个人缴费占剩余人均可支配收入的比例分别在5.56%~27.78%。这对于农村居民来说，是不少的开支。第二，自联产承包责任制以来，不少村集体经济实力非常薄弱，根本拿不出补助；即使村集体给予补助，补助数额也会非常少。例如，河北省秦皇岛市青龙县八道河乡二道沟村中有748人参保；至2009年6月末，参保个人缴费为14.4万元，村集体共补助33

792 元，县财政补贴 51 480 元。[①] 第三，政府补贴是农村社会养老保险的主要亮点。例如，河北省参加第一批、第二批农村社会养老保险试点的农业人口分别有 310.11 万人、1 251.73 万人，如果按照每人 30 元的补贴计算，各级财政补贴规模将达到 2.7 亿元。[②] 如果加上对重度残疾人群、计划生育户等特殊人群的补助，这无疑会给一些财政贫困县市带来沉重的经济负担。

（三）基金管理不够规范和完善

按照国际经验，社会保险基金应遵循征缴、管理、运营三个方面相互分离的原则，以实现其安全性、流动性和收益性。但是，我国社会养老保险基金的征缴、管理以及运营三权集于同一个部门（1998 年前为民政部门，1998—2009 年为劳动和社会保障部门，之后为人力资源和社会保障部门），在缺乏有效监督和制约的情况下，社保基金的运营、管理出现问题是在所难免的。一项涉及河北省 7 个城市的调查表明，已经流失的资金超过了基金总额的 35.0%，主要是地方政府挪用、养老保险机构挪用以及违规投资和违规使用等。[③] 对此，1995 年 10 月，国务院办公厅在转发民政部《关于进一步做好农村社会养老保险工作意见的通知》中就针对“有些地方没有制定有关法规，管理还不够规范；少数地方出现了挪用保险基金”的现象，要求“切实加强基金的管理和监督农村社会养老保险积累基金数额大、周期长，各级政府要切实加强对基金的管理和监督，严肃财经纪律，严格基金运作，建立健全各项财务会计制度，保证基金安全无风险并规范运营加大增值”。另一方面，按照相关规定，我国农村社保基金的管理经费是按照 3%的比例从所收取的基金中获得的，但这一提取比例不能满足管理工作的经费开支，有一些地方农村社会养老保险的管理费用占到

① 陈世金、李佳、李秀丽：《河北省新型农村社会养老保险的实践分析》，《科技信息报》2010 年 10 月 11 日第 32 版。

② 谷彦芳、宋凤轩、赵语：《河北省新型农村社会养老保险试点情况调查》，《经济研究参考报》2011 年 6 月 17 日。

③ 河北省统计局编：《河北省统计年鉴 2012 年》，北京：中国统计出版社 2012 年版，第 107-115 页。

了实收保费的30.0%以上。2000年，全国各地共提取管理费4 173.3万元，但各地实际支出为6 968.33万元，缺口达2 785.03万元。[①] 社保基金管理费的入不敷出，挤占、挪用社保基金成为一些地区的普遍现象。值得注意的是，目前城镇企业职工养老保险基金管理机构的管理费已明确规定不能从保险基金中支取，但农村社保基金管理费仍靠这一渠道来解决管理经费。

（四）社保基金的保值增值困难

如何实现社保基金在投资过程中的保值增值成为社保基金管理过程中的重要问题。从投资风险角度来看，可以将投资组合目标分为保守型、风险中性型、风险偏好型三种。这三种方式各有优劣。但从社保基金安全性角度来说，社保基金只有进行多元化投资，才能在存在投资风险厌恶的背景下，有效规避风险，又能提高回报。按照社保基金管理的相关规定，“基金以县为单位统一管理，主要以购买国家财政发行的高利率债券和存入银行实现保值增值。”但在实际运作过程中，由于缺乏合适的投资渠道，缺乏专门人才，一般都是将社保基金存在银行，而用于投资股票等风险偏好型的不多。投资于银行定期存款和国债，安全性比较高，但其收益率却比较低。如果将CPI（消费者价格指数）上涨率等因素考虑进来，其增值的幅度还会更低。美国经济学家D·盖尔·约翰逊通过研究发现，1993—1997年我国社保基金的投资收益率为负，也就是说，对于同期每年投入同等数量保金的个人来说，他们积累的基金实际价值低于他们支付出的保费。[②] 2005年我国社保资产分布在固定收益类投资、现金以及等价物类投资、股票类和股权类投资四大类型，其中股票类只占10.95%，相对于世界上其他国家来说，这一比例水平是比较低的。西方的不少国家都用社保基金在合理价位上购买股票，并且坚持较长时间的投资，回报率远高于固定收益产品。美国、法国、日本和德国用社保基金购买股票的回报率分别

① 张敬一、赵新亚：《农村养老保障政策研究》，北京：上海交通大学出版社2007年版，第97页。

② 王洪春、汪雷：《中国农村社会保障：新的机遇与挑战》，合肥：中国科学技术大学出版社2006年版，第71页。

达到了 6.33%、8.40%、7.76%和 8.93%。同年，我国社保基金投资收益率为 3.12%（表 4-2），这个水平也是比较低的。以至于出现参保人数越多、社保基金越多，国家补贴越多的情况。

表 4-2　2003—2012 年我国一年期实际储蓄利率和通胀率表

年份	一年期储蓄利率/%	通胀率/%	年份	一年期储蓄利率	通胀率/%
2003	1.98	1.20	2008	4.14	5.90
2004	2.03	3.90	2009	2.25	-0.70
2005	2.25	1.80	2010	2.25	3.30
2006	2.35	1.50	2011	3.5	5.40
2007	3.87	4.80	2012	3	3.25

数据来源：根据中国人民银行公布的一年期实际储蓄利率和通胀率数据整理所得。

第三节　我国城乡居民社会养老保险的实施

一、厦门市城乡居民社会养老保险制度的实施

福建省厦门市①城乡居民社会养老保险制度的覆盖率一直保持着较高的水平。但是，就其参保深度而言，其大多数城乡居民抱着跃跃欲试的态

① 厦门位于福建省东南部，是闽南地区的主要城市之一，与漳州、泉州并称“厦漳泉”，闽南金三角经济区。2014 年全年地区生产总值为 3273.54 亿元，公共财政预算总收入为 909.13 亿元，城镇居民人均可支配收入 39625 元，农民人均可支配收入 16 220 元。2014 年全市户籍人口 203.44 万人（其中城镇人口 165.59 万人），常住人口 381 万人。2014 年末，全市基本养老、基本医疗、工伤、失业和生育保险参保人数分别为 226.89 万人、314.28 万人、175.33 万人、177.22 万人和 164.30 万人，其中，外来员工参加基本养老、基本医疗、工伤、失业和生育保险的人数分别为 111.80 万人、110.20 万人、114.21 万人、111.71 万人和 109.90 万人。全年各类社会保险基金征收 234.06 亿元，支出 123.29 亿元，各类社会保险基金历年累计结余 543.79 亿元。

度，参保档次并不高。如果厦门市地方政府没有对最低缴费档次标准做出明确规定（最低档次标准只适合低保，无固定收入的重残疾等缴费困难对象），那么将会有更大比例的农民选择 100 元的参保档次。这说明厦门市城乡居民社会养老保险制度的推行只有广度，没有深度。

（一）厦门市城乡居民社会养老保险制度的实施情况

本部分所使用的数据来自 2014 年 11—12 月对福建省厦门城乡居民参加城乡居民社会养老保险制度的广度和深度所做的抽样调查。调查样本按多阶段抽样的方法选取调查对象。先在厦门选取 5 个村，每个村按年龄抽取 16 周岁及以下的城乡居民、16 周岁至 45 周岁的城乡居民、46 周岁至 59 周岁的城乡居民以及 60 周岁及以上的城乡居民，后从不同的年龄层随机抽取样本。本次调查共发放 300 份问卷，回收问卷 252 份，占 84.0%，其中有效问卷 226 份，占 75.3%。在 226 份样本中，男性占 52.7%，女性占 47.3%。调查样本基本情况如表 4-3 所示。

表 4-3　厦门市城乡居民社会养老保险调查问卷样本的基本情况

分类	子类型	频数	百分比/%
性别	男	119	52.7
	女	107	47.3
年龄	16 周岁及以下	2	0.9
	16~45 周岁	75	33.2
	46~59 周岁	80	35.4
	60 周岁及以上	69	30.5
文化程度	小学及以下	67	29.6
	中学	139	61.5
	大学	20	8.8
	研究生级以上	0	

续表

分类	子类型	频数	百分比/%
婚姻状况	未婚	14	6.2
	已婚	186	82.3
	离婚	9	4.0
	丧偶	17	7.5
	其他	0	
家庭人口	1 人	17	7.5
	2 人	102	45.1
	3 人	72	31.9
	4 人	17	7.5
	5 人及以上	18	8.0
家庭人均年收入	10 000 元及以下	73	32.3
	10 001—20 000 元	75	33.2
	20 001—30 000 元	41	18.1
	30 001—400 000 元	29	12.8
	400 001 元及以上	8	3.5
身体状况	非常健康	80	35.4
	一般	109	48.2
	体弱多病	27	11.9
	身体残疾	10	4.4
期望的养老方式	自己储蓄	71	31.4
	依靠子女	26	11.5
	土地养老	21	9.3
	参加社会保险制度	80	35.4
	参加商业保险	11	4.9
	社会救济	11	4.9
	其他	6	2.7
是否参保	否	10	4.4
	是	216	95.6

续表

分类	子类型	频数	百分比/%
个人缴费档次 设定的合理程度	偏高 合理 偏低	143 8 0	63. 3 36. 7
集体补助金额 设定的合理程度	过高 合理 过低	0 11 215	4. 9 95. 1
基础养老金 设定的合理程度	偏高 合理 偏低	13 57 156	5. 8 25. 2 69. 0
合理的养老 金待遇金额	100 元 150 元 200 元 300 元 400 元 500 元 大于 500 元	18 13 46 64 14 37 34	8. 0 5. 8 20. 4 28. 3 6. 2 16. 4 15. 0
合理的缴费年限	5 年 10 年 大于 10 年小于 15 年 15 年 大于 15 年	0 102 12 110 2	45. 1 5. 3 48. 7 0. 9
可以领取养 老金的年龄	50 周岁 大于 50 小于 55 周岁 55 周岁 大于 55 小于 60 周岁 60 周岁	19 3 69 12 123	8. 4 1. 3 30. 5 5. 3 54. 4

续表

分类	子类型	频数	百分比/%
参保档次	100 元 300 元 600 元 900 元 1 800 元 2 700 元 未交	28 22 4 98 34 5 26	12.4 9.7 1.8 43.4 15.0 2.2 11.5
选择参保档次的首要考虑条件	享受的养老金 中央和当地政府的补贴 自身经济状况 家人意见 其他	63 85 70 8 0	27.9 37.6 31.0 3.5
如何完善：是否提高缴费档次	是 否	38 188	16.8 83.2
如何完善：是否增加集体补助	是 否	110 116	48.7 51.3
如何完善：是否增加政府补贴	是 否	164 62	72.6 27.4
如何完善：是否提高养老金待遇	是 否	148 78	65.5 34.5
如何完善：是否降低养老金领取条件	是 否	121 105	53.5 46.5

本次问卷调查主要研究农村社会养老保险制度的设计对城乡居民参保广度和参保深度的影响，从而从制度本身发现其存在的问题，以期制度能得到更好的贯彻落实。

城乡社会养老保险制度的设计，即协变量包括以下几个部分。

第一，个人缴费档次设定的合理程度。按照 2009 年颁发的《国务院关于开展新型农村社会养老保险试点的指导意见》，缴费标准设为每年100元、200元、300元、400元、500元五个档次，地方可以根据实际情况增设缴费档次。结合本地情况，地方政府将农村社会养老保险制度中的个人缴费档次设为每人每年100元、300元、600元、900元、1 800元以及2 700元六个档次。这种个人缴费档次的制度设定是否会影响城乡居民的参保深度和参保广度，所以本部分将个人缴费档次设定的合理程度定义为：偏高、合理、偏低。

第二，集体补助金额设定的合理程度。按照指导意见的规定，有条件的村集体应当对参保人缴费给予补助，补助标准由村民委员会召开村民会议民主确定。鼓励其他经济组织、社会公益组织、个人为参保人缴费提供资助。由于没有硬性地规定集体的出资义务以及集体经济在自身运行过程当中收支不抵，真正用到农村参保居民身上的集体补助金寥寥无几，甚至没有，而这个制度规定是否影响城乡居民的参保广度和深度，所以本部分将集体补助金额设定的合理程度定义为：过高、合理、过低。

第三，基础养老金设定的合理程度。根据指导意见，中央确定的基础养老金标准为每人每月55元。地方政府可以根据实际情况提高基础养老金标准，对于长期缴费的城乡居民，可适当加发基础养老金，提高和加发部分的资金由地方政府支出。在厦门所调查的农村规定：基础养老金标准每人每月为60元。对于连续缴费超过15年的城乡居民，从第16年起，每超过1年，基础养老金加发1.0%，加发部分的资金由市财政支出。制度中这一项的规定是否会影响城乡居民的参保广度和深度，所以本部分将基础养老金设定的合理程度定义为：偏高、合理、偏低。

第四，合理的养老金待遇金额。根据指导意见，养老金待遇由基础养老金和个人账户养老金组成，支付终身。基础养老金标准如前所述，每人每月55元。个人账户养老金的月计发标准为个人账户全部储存额除以139。本部分所调查的地区对于养老金待遇的规定与指导意见一致。本部分将合理的养老金待遇定义为：100元、150元、200元、300元、400元、

500 元及 500 元以上。

第五，合理的缴费年限。根据制度规定，普遍需缴足 15 年。制度中这样的缴费年限的规定是否会影响城乡居民的参保广度和深度，所以本部分将合理的缴费年限定义为：5 年、10 年、大于 10 年小于 15 年、15 年、15 年以上。

第六，合理的可以领取养老金的年龄。按指导意见的规定，年满 60 周岁、未享受城镇职工基本养老保险待遇的农村有户籍的老年人，可以按月领取养老金。本部分将合理的可以领取养老金的年龄定义为：50 周岁，大于 50 周岁小于 55 周岁、55 周岁、大于 55 周岁小于 60 周岁、60 周岁。

模型的因变量为城乡居民是否参保，分别为已参保、未参保；城乡居民参保的深度，分别为有深度、无深度。

控制变量主要包括：性别、年龄、文化程度、婚姻状况、家庭人口、家庭人均年收入、身体状况、最期望的养老方式以及选择缴费档次的首要考虑条件。

为了测量农村社会养老保险制度设计对城乡居民参保广度和参保深度的影响，本部分使用 SPSS17.0 统计软件对调查数据进行二分逻蒂斯克回归分析。

（二）厦门市城乡居民社会养老保险制度实施情况的影响因素

第一，城乡居民参加社会养老保险与其推行广度之间的相关系数。表 4-4 是农村社会养老保险制度的设计与城乡居民参保与否之间的相关系数。这里主要分析农村社会养老保险制度的设计（包括个人缴费档次设定的合理程度、集体补助金额设定的合理程度、基础养老金设定的合理程度、合理的养老金待遇金额、合理的缴费年限、合理的可以领取养老金的年龄）与农民参保与否，即农保制度推行广度之间的相关关系。

表 4-4　厦门市城乡居民社会养老保险制度设计与参保广度的相关系数矩阵

		个人缴费档次设定的合理程度	集体补助金额设定合理程度	基础养老金设定的合理程度	合理的养老金待遇金额	合理的缴费年限	合理的可以领取养老金的年龄
Spearman's rho	Correlation Coefficient Sig. (2-tailed)	. 164 . 004	. 051 . 003	-. 143 . 002	-. 230 . 000	. 186 . 005	. 140 . 005
Kendall's tau_ b	Correlation Coefficient Sig. (2-tailed)	. 164 . 004	. 051 . 001	-. 139 . 002	-. 204 . 001	. 181 . 005	. 133 . 006

Correlation is significant at the 0. 05 level (2-tailed).

由表 4-4 中可以看出，城乡居民的参保广度与个人缴费档次设定的合理程度、集体补助金额设定的合理程度、基础养老金设定的合理程度、养老金待遇金额的设定、缴费年限的设定、领取养老金的年龄设定之间的 Spearman's rho 等级相关系数分别为 0. 164、0. 051、-0. 143、-0. 230、0. 186、0. 140；城乡居民的参保广度和农村社会养老保险制度的设计之间的 Kendall's tau_ b 相关系数分别为 0. 164、0. 051、-0. 139、-0. 204、0. 181、0. 133。两种分析方法等级相关系数都表明，城乡居民的参保广度与个人缴费档次设定的合理程度、基础养老金设定的合理程度、养老金待遇金额的设定、缴费年限的设定以及可以领取养老金的年龄的设定是相关的，且相关性显著。城乡居民的参保广度与集体补助金额的设定没有呈现出明显的相关关系。

第二，城乡居民社会养老保险制度与其推行深度之间的相关系数。表 4-5 是农村社会养老保险制度的设计与城乡居民参保深度之间的相关系数。这里主要分析农村社会养老保险制度的设计与城乡居民参保深度，即农保制度的推行深度之间的相关关系。由表 4-5 可以看到城乡居民的参保深度与个人缴费档次设定的合理程度、集体补助金额设定的合理程度、基础养老金设定的合理程度、养老金待遇金额的设定、缴费年限的设定、领取养老金的年龄设定之间的 Spearman's rho 等级相关系数分别为 0. 042、0. 614、0. 080、0. 001、0. 016、0. 002；城乡居民的参保深度和农

村社会养老保险制度的设计之间的 Kendall's tau_ b 相关系数分别为 0. 043、0. 613、0. 082、0. 001、0. 017、0. 002。这说明城乡居民的参保深度与个人缴费档次设定的合理程度、养老金待遇金额的设定、缴费年限的设定以及合理的可以领取养老金的年龄是显著相关的，而与集体补助金额设定的合理程度、基础养老金设定的合理程度没有呈现出明显的相关关系。

表 4-5　厦门市城乡居民社会养老保险制度设计与参保深度的相关系数矩阵

		个人缴费档次设定的合理程度	集体补助金额设定的合理程度	基础养老金设定的合理程度	合理的养老金待遇金额	合理的缴费年限	合理的可以领取养老金的年龄
Spearman's rho	Correlation Coefficient Sig. (2-tailed)	. 138 . 002	. 034 . 004	. 119 . 000	. 217 . 001	. 164 . 006	. 208 . 002
Kendall's tau_ b	Correlation Coefficient Sig. (2-tailed)	. 125 . 003	. 031 . 003	. 105 . 002	. 190 . 001	. 143 . 007	. 181 . 002

Correlation is significant at the 0. 05 level (2-tailed).

第三，城乡居民社会养老保险制度与其推行广度之间的回归分析。以农村社会养老保险制度设计（包括个人缴费档次设定的合理程度、集体补助金额设定的合理程度、基础养老金设定的合理程度、合理的养老金待遇金额、合理的缴费年限、合理的可以领取养老金的年龄）为协变量，以城乡居民的参保广度，即农保制度的推行广度为因变量进行变量间的二分逻蒂斯克回归分析。

表 4-6 给出了模型拟合优度评价结果的几个统计量。Cox & Snell R Square 统计量和 Nagelkerke R Square 统计量分别为 0. 141、0. 465，意味着模型可以解释被解释量 46. 5%的左右的变动。

表 4-6　厦门市城乡居民社会养老保险模型拟合优度评价结果

步骤	-2 对数似然值	Cox & Snell R 方	Nagelkerke R 方
1	47. 480a	. 141	. 465
a. 因为已达到最大迭代次数，所以估计在迭代次数 20 处终止。			

表 4-7 是二分逻蒂斯克回归系数估计值及其显著性检验结果，包括各自变量的回归系数及其标准误、Wals、自由度、Sig 值以及 OR 值［Exp（B）］。可以看出，城乡居民参保与否与个人缴费档次设定的合理程度、集体补助金额设定的合理程度、基础养老金设定的合理程度、合理的养老金待遇金额、合理的缴费年限、合理的可以领取养老金的年龄等制度设计的 B 系数分别为 17.754、0.444、-16.763、-0.922、1.026、0.060，Sig 值分别为 0.996、0.774、0.996、0.010、0.100、0.834。P 值小于等于 0.1，即说明有显著影响。由此可从表中看出，养老金待遇金额的设定，缴费年限的设定对城乡居民的参保广度影响显著，尤其是养老金待遇金额的设定。基础养老金设定的合理度与养老金待遇金额的设定是负值，这说明其对城乡居民参保广度的影响是负的，也就是负相关。由于我在设定您是否参保这题时，先设未参保，后设已参保，所以这两个负值表示认为基础养老金设定偏高、养老金待遇金额设定越高的城乡居民越多，那么未参保的人就越少；相反，认为基础养老金设定偏低、养老金待遇金额设定越低的城乡居民越多，那么未参保的人就越多。

表 4-7　厦门市城乡居民社会养老保险回归系数估计值及其显著性检验结果

		B	S. E,	Wals	df	Sig.	Exp（B）
步骤 1a	个人缴费档次的设定	17. 754	3731. 525	. 000	1	. 006	5. 137E7
	集体补助金额	. 444	1. 362	. 106	1	. 004	1. 559
	基础养老金的设定	-16. 763	3341. 488	. 000	1	. 006	. 000
	合理的养老金待遇金额	-. 922	360	6. 572	1	. 000	. 398
	合理的缴费年限	1. 026	624	2. 699	1	. 000	2. 790
	领取养老金的年龄	. 060	284	. 044	1	. 004	1. 061
	常量	35. 713	10696. 454	. 000	1	. 007	3. 237E15

由此建立的回归模型为：

（1）城乡居民参保概率的指数 Z＝35. 713+17. 754×个人缴费档次设定的合理程度+0. 444×集体补助金额设定的合理程度-16. 763×基础养老金设

定的合理程度-0. 922×养老金待遇金额的设定+1. 052×缴费年限的设定+0. 060×可以领取养老金的年龄。

（2）城乡居民参保的概率为：Prob（Z）= 1/（$1+e^{-z}$）。在通常情况下，Prob（Z）< 0. 5 时，可预测到某事件不发生；Prob（Z）> 0. 5 时，可预测到某事件可发生。

第四，城乡居民社会养老保险制度与其推行深度之间的回归分析。以农村社会养老保险制度设计（包括个人缴费档次设定的合理程度、集体补助金额设定的合理程度、基础养老金设定的合理程度、合理的养老金待遇金额、合理的缴费年限、合理的可以领取养老金的年龄）为协变量，以城乡居民的参保深度，即农保制度的推行深度为因变量进行变量间的二分逻蒂斯克回归分析。厦门市地方政府将农村社会养老保险制度中的个人缴费档次设为每人每年 100 元、300 元、600 元、900 元、1 800 元以及 2 700 元六个档次，如以 2 700 元为上限，那么个人缴费档次分别是上限的 1/27. 1/9. 2/9. 1/3. 2/3. 1。以 1/2 作为分界线，那么年个人缴费小于 1 350 元的为没有深度，大于 1 350 元的为有深度（表 4-8）。

表 4-8　厦门市城乡居民社会养老保险参保深度频数及百分比

		频率	百分比	有效百分比	累积百分比
有效	有	39	17. 3	18. 0	18. 0
	没有	178	78. 8	82. 0	100. 0
	合计	217	96. 0	100. 0	
缺失	系统	9	4. 0		
合计		226	100. 0		

由表 4-8 可看出，Cox & Snell R 方统计量和 Nagelkerke R 方统计量分别为 0. 235、0. 385，这意味着模型可以解释被解释量 38. 5%左右的变动。

表 4-9 厦门市城乡居民社会养老保险模型拟合优度评价结果

步骤	-2 对数似然值	Cox & Snell R 方	Nagelkerke R 方
1	146. 299a	. 235	. 385
a. 因为参数估计的更改范围小于 . 001，所以估计在迭代次数 6 处终止。			

由表 4-10 可以看出，城乡居民参保深度与个人缴费档次设定的合理程度、集体补助金额设定的合理程度、基础养老金设定的合理程度、合理的养老金待遇金额、合理的缴费年限、合理的可以领取养老金的年龄等制度设计的 B 系数分别为 -1. 016、-0. 488、0. 676、-0. 850、-0. 302、-0. 012，Sig 值分别为 0. 021、0. 676、0. 094、0. 000、0. 266、0. 957。由 *P* 值可得，个人缴费档次的设定和养老金待遇金额的设定对城乡居民的参保深度影响显著。其中，养老金待遇金额的设定对城乡居民参保深度的影响极其显著。个人缴费档次设定的合理程度、集体补助金额设定的合理程度、养老金待遇的设定、缴费年限的设定以及领取养老金的年龄是负值，这说明其对城乡居民参保深度的影响是负的，也就是负相关。

表 4-10 厦门市城乡居民社会养老保险回归系数估计值及其显著性检验结果

		B	S. E,	Wals	df	Sig.	Exp (B)
步骤 1a	个人缴费档次	-1. 016	. 440	5. 324	1	. 001	. 362
	集体补助金额	-. 488	1. 167	. 175	1	. 006	. 614
	基础养老金	. 676	. 404	2. 804	1	. 004	1. 966
	养老金待遇	-. 850	. 160	28. 300	1	. 000	. 428
	缴费年限	-. 302	. 271	1. 235	1	. 006	. 740
	领取养老金年龄	-. 012	. 215	. 003	1	. 957	. 989
	常量	7. 853	3. 584	4. 801	1	. 028	2574. 710

根据以上分析可以得出以下几个方面的结论。

第一，个人缴费档次设定的合理程度对厦门城乡居民参保深度的影响显著。所调查地区的地方政府将缴费标准设定为每人每年 100 元、300 元、

600 元、900 元、1 800 元、2 700 元 6 个档次，并且规定 100 元档仅限低保户、重度残疾人等缴费困难群体持相关证件选择缴费；900 元档为缴费基准档，参保人可在 900 元、1 800 元、2 700 元中自主选择档次缴费，多缴多得；家庭经济确实特别困难但不符合 100 元档缴费条件的人员，经个人申请、请村委会审核、镇政府批准，可选择 300 元和 600 元档缴费。这种硬性的制度规定使得大部分城乡居民仅有三个缴费档次，其中 900 元是相对而言的最低档。因为多缴多得，选择的缴费档次高一些，最后领取的养老金也会高一些。出于这个层次的考虑，大部分城乡居民会根据多方面因素选择相对能获得更多养老金的缴费档次。

第二，集体补助金额设定的合理程度对厦门城乡居民参保深度的影响不显著。由于在农保制度中并没有硬性规定集体补助的金额，也没有法律强制其实施，所以就所调研地区所颁发的农保制度中并没有对集体补助予以说明。集体补助金额设定的合理程度与城乡居民参保深度之间的相关性也不明显，在实际的操作过程中，虽然 95.1%的人认为集体补助过低，但这并没有影响其对缴费档次的选择。

第三，农保制度中基础养老金设定的合理程度与城乡居民参保深度没有明显的相关关系，也没有显著影响。只要参加城乡居民社会保险制度的城乡居民都可以获得基础养老金，无论其选择高或者低的缴费档次，其获得的基础养老金基本上是一样的，所以他们并不会因为基础养老金设定的合理与否而加深缴费档次。

第四，合理的养老金待遇与城乡居民的参保深度显著相关，且影响显著。养老金待遇由基础养老金和个人账户养老金组成。如之前所述，一个地区基础养老金的标准是固定的，即便有出入，相差也不大。参保水平越低，那么基础养老金在养老金待遇中所占的比例就越高；相反，参保水平越高，个人账户养老金在养老金待遇中占的比例就越大，这样不利于个人资金的流转与增值，用这样的一笔钱通过其他的投资方式可能创造的利润更高。倘若基础养老金的标准达到 500 元左右，那么对于城乡居民来说，他只要参保领取这个金额即可，没有必要选择更高的缴费档次，一来占的比例小，二来不利于资金保值增值。所以养老金待遇与居民的参保深度呈负相关。鉴于这点，制度本身应明确不同的缴费档次给予的补贴不同，且这种补贴要有明显的数额差距，不仅是5元、10元的补贴。由此可见，制度中规定的缴费年限和领取养老金的年龄与城乡居民参保深度之间相关性不显著，没有明显影响。

二、泉州市城乡居民基本社会养老保险制度的实施情况

按照国家和福建省的统一部署，从1992年起泉州市①开始了“老农保”的工作，主要做法与其他地区基本上相同，取得的成效也非常有限。至2009年底，只有25.04万农民参加社会养老保险，占当年农业人口374.92万人的6.68%；历年征收社会养老保险费9 618.59万元；领取养老保险待遇的人数为10 081人，只占当年农业人口374.92万人的0.26%，领取的养老保险待遇介于0.40元和50.0元间，人均为9.25元。也就是说，这一时期泉州市农民居民社会养老保险的覆盖面小、参保率低，仅有极少数人参加社会养老保险制度，难以发挥社会养老保险的保障功能。

2009年9月，国务院下发《关于开展新型农村社会养老保险试点的指导意见》后，泉州市分别于2009年12月、2010年10月和2011年初启动了第一批（晋江市、南安市）、第二批和第三批“新农保”的试点工作，并自筹资金于2011年11月启动了鲤城区、丰泽区的“新农保”的试点工作。2010年，泉州市根据福建省新农保办公室《关于做好老农保与新农保衔接过渡等工作的通知》精神，对先期开展新农保试点的晋江市、南安市

① 泉州市地处福建省东南部，辖4个区，3个县级市，5个县和泉州经济技术开发区、泉州台商投资区，是国家首批24个历史文化名城之一。2013年，泉州实现地区生产总值（GDP）5 128亿元。按常住人口计算，人均地区生产总值62 679元（按年平均汇率折合10 121美元）。“六普”数据显示，泉州市常住人口为8 128 530人（不含金门县），其中：居住在城镇的人口为4749845人，占58.43%；居住在乡村的人口为3 378 685人，占41.57%。2013年末全市参加养老保险人数494.87万人，其中：参加企业养老保险人数122.49万人，参加机关事业单位养老保险人数9.00万人，参加城乡居民社会养老保险人数363.38万人。年末企业离退休人员领取基本养老保险金人数8.77万人，全部实现养老金按时足额发放。年末全市参加失业保险人数62.79万人，领取失业保险金人数3 952人 全市参加职工基本医疗保险人数109.03万人，参加工伤、生育保险人数分别为97.35万人和98.33万人。参加新型农村合作医疗人数561.3万人，参保率达99.96%；参加城镇居民基本医疗保险居民45.02万人。

做好与老农保的衔接工作；同时尚未开展新农保试点的其他 10 个（县、市、区）停止老农保的保费续交。此后，通过细化任务指标、明确任务进度、分类解决问题，逐步做好了老农保与新农保的衔接过渡等工作。此后，泉州市新农保工作进度明显加快，并取得了重要成绩。至 2015 年 6 月，全市各县（市、区）基本上完成了老农保与新农保衔接过渡工作（表 4-11）。

表 4-11　泉州市老农保与新农保衔接过渡工作情况表

县（市、区）	应衔接/人	已衔接						待衔接	
		人数/人	退保		衔接合并			人数/人	比例/%
			人数/人	比例/%	人数/人	比例/%	比例/%		
南安市	93 427	90 314	67 004	74. 19	23 310	25. 81	95. 67	3 113	3. 33
晋江市	11 644	10 970	3 510	32. 00	7 460	68. 00	94. 21	674	5. 79
丰泽区	7 338	6 673	6 473	97. 00	200	3. 00	90. 94	665	9. 06
鲤城区	3 110	2 140	2 126	99. 35	14	0. 65	63. 81	970	31. 19
德化县	13 498	8 074	6 248	77. 38	1 826	22. 62	59. 82	5 424	40. 18
洛江区	4 076	2 327	1 852	79. 59	475	20. 41	57. 09	1749	42. 91
惠安县	31 214	17 636	12 061	68. 39	5 575	31. 61	55. 50	13 578	43. 50
泉港区	6 226	2 904	2 056	70. 80	848	29. 20	45. 64	3 322	53. 36
石狮市	5 484	2 420	2 415	99. 79	5	0. 21	44. 13	3 064	55. 87
安溪县	38 651	16 803	11 132	66. 25	5 671	33. 75	43. 47	21 848	56. 53
永春县	16 363	6 008	2 547	42. 39	3 461	57. 61	35. 72	10 355	63. 28
台商区	7 678	1 764	1 262	71. 54	502	28. 46	22. 97	5 914	77. 03
总计	238 709	168 033	118 686	70. 63	49 347	29. 37	70. 39	70 676	29. 61

数据来源：泉州市社会保障统计报表（2015 年 10 月）。

注：表中数据截至 2015 年 6 月 30 日。

与此同时，泉州市在“新农保”试点方面也取得了重要成绩。第一批、第二批和第三批“新农保”试点在所属批次的全省综合考评中均名列第一，特别是第三批开展的“新农保”试点的8个县（市、区）在全省58个参加“新农保”综合考评的县（市、区）中均位居前列。至2012年，泉州市城乡居民社会养老保险应参保人数为369.82万人，已参保人数为359.69万人，参保率达到了97.26%，其中291.88万人累计缴纳社会养老保险费为8.38亿元（2012年当年缴费率为95.38%）；领取社会养老保险待遇的人数为67.81万人，金额为10.37亿元。这里以安溪县为例再作说明。至2012年10月，该县应参保人数57.58万人，已参保56.79万人，总体参保率98.62%。其中，16~59岁个人缴费参保人数45.27万人，缴纳保费5 409.75万元，发放符合条件年满60周岁以上的老人10.26万人，累计发放养老金6 650.45万元。2013年，泉州市城乡居民参保人数为362.35万人，参保率为98.37%，比前一年增加了1.1个百分点，累计新增扩面人数2.66万人。至2014年，泉州市城乡居民参保人数为363.38万人，参保率为99.22%，并在福建省率先实现年度保费扣缴和率先采用网上银行扣缴方式。①

2013年3月1日，福建省政府出台了《关于城乡居民基本养老保险制度一体化的实施意见》，标志着城乡居民基本养老保险制度在全省各地开始全面实施。城乡居民基本养老保险制度实施后，参保城乡居民除了能领到55元/每月每人的基础养老金以外，政府还根据参保人员缴费金额（缴费金额每人每年100元至2000元），为每人每年养老金账户补贴30元至75元不等。根据《关于城乡居民基本养老保险制度一体化的实施意见》，泉州市各县（市、区）根据各自财政及居民收入标准设置城乡居民基本养老保险制度具体实施方案。在基础养老金方面，以石狮市投入最高，其基础养老金为110元/每月每人，政府补贴标准为每人每年35元至125元；其他地区，如鲤城区、洛江区、惠安县实行的基础养老金标准基本相同，而南安市、泉港区、安溪县、永春县、德化县实行的基础养老金标准较低。

---

① 《泉州市社会保障统计报表》（2015年12月）。

为了进一步分析泉州市城乡居民社会养老保险制度运行过程中的具体情况，本部分根据抽样调查所得到的数据对其进行定量分析。本部分使用的数据来自2014年10月在泉州市鲤城区、丰泽区、洛江区、石狮市、晋江市、南安市等多地依托社区居委会所做的调查问卷。调查样本按照多阶段抽样（multistage sampling）① 的方法抽取。本次调查共发放600份问卷，回收问卷470份②，有效问卷为423份，所占比例分别为78.3%、70.5%；并在后期采访了10名对象进行个案访谈。

问卷调查样本的自变量主要包括城乡居民基本养老保险制度被实施者的性别、年龄（分别为20岁以下、20~30岁、31~40岁、41~50岁、51岁及以上等5个选项）、文化程度（分别为小学及以下、中学、大学、大学及以上等4个选项）、职业（分别为务农、务工、公务员、经商、其他5个选项）、当前参保类型（分别为城乡居民基本养老保险、城镇职工养老保险、商业险、未参保等4个选项）家庭人均年收入③等6个方面。

调查样本的因变量主要有：（1）是否清楚城乡居民基本养老保险金额的计算方式；（2）是否知道“城乡居民基本养老保险制度”有哪些内容；（3）认为国家实施“城乡居民基本养老保险制度”，对没有办法享受城镇职工养老保险的人群，是否有帮助；（4）对目前城乡居民基本养老保险的金额的看法；（5）就当前的家庭人均收入水平，对目前老年人每个月领取退休金的合适数额的认同区间；（6）尚未参加养老保险，是否打算参加城

---

① 多阶段抽样是指将抽样过程分为若干阶段来进行，每个阶段使用的抽样方法通常不同，即将各种抽样方法结合使用。其实施过程为：先从总体中抽取范围较大的单元，称为一级抽样单元，再从每个抽得的一级单元中抽取范围更小的二级单元，以此类推，最后抽取其中范围更小的单元作为调查单位。

② 按照社会研究抽样调查的样本规模来说，本次调查调查共发放600分问卷（其中回收问卷470份），属于中型调查类型。由于有效样本规模大于330份，其容许的抽样误差e为5.5%。通过对调查数据的检测，本次抽样调查的抽样误差e在容许范围内。

③ 本部分以家庭人均年收入作为衡量被调查者的经济因素的一个主要指标。2013年福建省城镇居民人均可支配收入、农民人均纯收入分别为19 577.6 680元。考虑到福建省经济水平的实际情况，其变量设定为以下区间：5 000元及以下、5 001~10 000元、10 001~15 000元、15 001~20 000元、20 001~30 000元、30 000元及以上。

乡居民基本养老保险；（7）未参加城乡居民基本养老保险的原因；（8）对于完善城乡居民基本养老保险制度的建议等8个方面。

三、参保居民对城乡基本养老保险制度的评估

一项政策的实施效果如何乃至政策成功与否，是由社会认同情况的好坏决定的。因此，调查泉州市城乡居民养老基本养老保险制度的社会认同情况，对于认识了解泉州市城乡居民养老基本养老保险制度的实行效果及政策社会评价有着深层次的意义。

（一）城乡居民基本养老保险制度的知晓情况

在本次调查被调查对象中有85.0%知道或多或少知道城乡居民基本养老保险制度的相关内容，从该制度的社会总体知晓情况看，城乡居民基本养老保险制度还是有不错的宣传效果。

（二）城乡居民基本养老保险制度的社会认同情况

第一，政策总体认同情况。在调查过程中，被调查者认为“城乡居民基本养老保险制度对没有享受到职工养老保险制度的居民是有帮助的”超过九成。正是由于相对较高的老年生活成本，未享受城镇职工养老保险的老年人可支配收入完全取决于子女的收入水平及孝心。从老年层面来说，城乡居民基本养老保险制度或许是他获得老年收入的唯一途径；从青年层面来说，城乡居民基本养老保险制度也是一种减轻养老压力的方式，因此，城乡居民基本养老保险制度作为一项政府投入补助的社会保障政策，还是受广大居民认可和欢迎的。

第二，城乡居民基本养老保险制度内容的认同情况。尽管绝大部分群众对政府实施城乡居民基本养老保险制度是认可的，但是在认可的居民中却有65.0%都感觉城乡居民基本养老保险制度对个人养老的“帮助不大”，25.0%的居民认为有“一定的帮助”，只有其中10.0%的居民认为“很有帮助”。这个比例正好与居民对城乡居民基本养老保险金额的看法相近，可见，对城乡居民基本养老保险制度内容认同程度与城乡居民基本养老保险金额的认同程度有很大的联系。大部分认为养老金额过低，帮助太少。

（三）城乡居民基本养老保险制度运行情况的评估

第一，对城乡居民基本养老保险制度受益情况的评估。在被调查中，发现有超过40%的居民参加了城乡居民养老保险，人数会高于参加城镇职工养老保险的人数。是当前参保人数最多的养老保险险种。可以说，如果仅从被调查的结果来看，泉州市城乡居民基本养老保险制度的执行情况良好，对老年人生活保障发挥了一定的作用。

第二，关于城乡居民基本养老保险金额的评估。领取养老金是城乡居民基本养老保险的所有参保对象的最终目标。在调查中发现，随着不断高企的物价水平，尽管泉州乃至全省提高了城乡居民基本养老保险制度中政府补贴的投入，但普遍的调查者认为养老金额偏少。对于养老金的期待值，认为参保城乡居民基本养老保险所领退休金的合适数额为“500～1000”元的有13.0%，认为应提高至“1 000～2 000’元有39.0%，认为应提高至“2 000～3 500”元的有30.0%，认为应提高至“2 000～3 500”元的有18.0%。对于城乡居民基本养老保险金额诉求　家庭人均年收入较高的要求也会更高。调查数据显示，群众普遍认为养老金应该提高至1 000～2 000元。

四、城乡基本养老保险制度运行过程的影响因素

由于被调查者的性别、经济条件、年龄、职业并不相同，这些都对城乡居民基本养老保险制度的认同、知晓情况和运行情况认知的不同产生影响。就性别来看，女性对于城乡居民基本养老保险制度的知晓情况及其内容了解程度会略高于男性，原因可能是女性会更注重安全感，会关注不同养老保险政策可以提供的养老保障。正常来说跟政策有关或者能从政策中获得利益的人群会对政策有更高的积极性，也更了解政策，因此中老年（40岁以上）的被调查者就比其他年龄段对于城乡居民基本养老保险制度了解多些。同时，对于不同教育程度的人群，大学及以上的比中学、小学及以上对于城乡居民基本养老保险制度的了解更详尽，这与不同文化程度对政策的解读能力有关。可能因为部分民营企业对“五险一金”的执行力

度不够，大部分务工人员未能享受城镇职工养老保险，调查发现农民以及务工者特别是体力劳动者对于城乡居民基本养老保险制度的了解要比其他职业多一些。更进一步说明经济条件与保险制度了解程度有关，家庭人均年收入在 5 001~10 000 元之间的比其他区间的要了解得多一些，即低收入人群更加关注养老，比较关注城乡居民基本养老保险制度。

第五章

社会养老保险调节收入再分配现状及其影响因素

由于在养老保险中受保人享受保险待遇的时间最久，待遇给付的标准相对较高，社会养老保险是社会保险中涉及面最为广泛的一种保险项目，从而成为社会保障的重要组成部分和重要内容。本部分以社会养老保险为例，基于闽南地区的泉州、厦门和漳州 3 个市城乡居民的调查问卷数据，设置社会保障调节收入再分配的自变量和因变量，三要利用 SPSS18.0 统计分析软件，并辅以 Excel 等分析手段，定量分析社会保障调节收入再分配现状及其影响因素。

第一节　社会养老保险调节收入再分配的现状

为了解社会保障调节收入再分配的现状，本部分基于福建省闽南地区的泉州、厦门和漳州 3 个市城乡居民的调查问卷，设置相关变量，进行定量分析。

一、数据来源与变量设置

本文数据来源于2019年1月对福建省闽南地区泉州市、厦门市和漳州市的城乡居民进行的抽样调查。调查样本按照多阶段抽样①方法抽取。本次调查共发放600份调查问卷（泉州市②、厦门市③和漳州市④各200份），共回收问卷589份，其中有效问卷为556份，所占比例分别为98.17%、92.67%。泉州市调查问卷二级单元主要分布情况：丰泽区40份、鲤城区40份、安溪县40份、惠安县40份、洛江区40份；厦门市调查问卷二级

---

① 本次调查第一级单位为调查对象现居住地所在市（泉州市、厦门市和漳州市），第二级单位为调查对象现居住地所在县（市、区），第三级单位为调查对象现居住地所在乡镇（街道），第四级单位为调查对象现居住地所在的居委会、村委会。

② 《2018年泉州市国民经济和社会发展统计公报》（泉州市统计局、国家统计局泉州调查队，2019年3月30日发布）数据显示，截至2018年年底，泉州市全年全市年末参加养老保险人数530.49万人，比上年新增6.55万人。其中：参加企业养老保险人数143.76万人，比上年新增4.2万人；参加机关事业单位养老保险人数19.97万人，比上年新增0.21万人；参加城乡居民社会养老保险人数366.76万人，比上年新增2.14万人。年末企业离退休人员领取基本养老保险金人数10.64万人，全部实现养老金按时足额发放。年末全市参加失业保险人数68.02万人，领取失业保险金人数0.56万人；参加工伤保险人数为116.13万人；参加生育保险人数为95.34万人；参加职工基本医疗保险人数114.46万人；参加城乡居民基本医疗保险人数608.57万人，参保率98%。

③ 《2018年厦门市国民经济和社会发展统计公报》（厦门市统计局、国家统计局厦门调查队，2019年3月22日发布）数据显示，截至2018年年底，基本养老、工伤、失业保险参保人数分别达到295.88万人、225.20万人、224.50万人，分别比上年末增长8.1%、6.6%、6.4%。其中外来从业人员参加基本养老、工伤、失业的人数分别达到142.68万人、143.44万人、142.20万人，分别增长6.7%、6.4%、6.5%。基本养老、工伤、失业社会保险合计基金收入221.93亿元、支出167.57亿元，三项社会保险基金历年累计结余712.64亿元。

④ 《2018年漳州市国民经济和社会发展统计公报》（漳州市统计局、国家统计局漳州调查队，2019年3月13日发布）数据显示，截至2018年年底，年末职工基本养老、职工基本医疗、失业、工伤、生育保险参保人数分别达到68.86万人、492.30万人、41.37万人、73.14万人、50.55万人，分别比上年末增加4.77万人、13.17万人、0.18万人、8.66万人、7.28万人。全市14.94万名企业退休人员养老金月人均提高到2286.54元，比上年增加75.04元。深入推进医保支付方式改革，基本医疗保险制度实现全覆盖，每千人口病床位数和卫技人员数分别为4.83张、5.49名。全年办理劳动能力鉴定2782件，办理工伤认定案件5489件。年末全市纳入城市最低生活保障的居民1.28万人，年人均保障标准5028元，比上年提高24元；农村最低生活保障人数6.37万人，年人均保障标准4140元，比上年提高540元。

单元主要分布情况：思明区40份、海沧区40份、湖里区40份、同安县40份、翔安区40份；漳州市调查问卷二级单元主要分布情况：芗城区50份、龙文区50份、东山县50份、龙海市50份。闽南地区城乡居民调查样本分布情况如表5-1所示。

表5-1　福建省城乡居民调查样本分布情况

地区	县（市、区）	频数/份	百分比/%
泉州市	丰泽区	40	6.67
	鲤城区	40	6.67
	安溪县	40	6.67
	惠安县	40	6.67
	洛江区	40	6.67
厦门市	思明区	40	6.67
	海沧区	40	6.67
	湖里区	40	6.67
	同安县	40	6.67
	翔安区	40	6.67
漳州市	芗城区	50	8.33
	龙文区	50	8.33
	东山县	50	8.33
	龙海市	50	8.33

调查问卷自变量主要包括性别、年龄、婚姻状况、家庭人口、文化程度、年收入、工作年限、户口性质、从事职业、就业单位性质、就业身份、住房性质等几个因素。因变量分为调查对象参加社会保障、对社会保障调节收入再分配的客观情况认识和对社会保障调节收入再分配的主权评价情况三个部分。闽南地区城乡居民调查对象子类型及频率情况如表5-2所示。

表 5-2　福建省城乡居民调查对象基本情况

变量	子类型
性别	男（60.3%）；女（39.7%）
年龄	35 周岁及以下（19.2%）；36～45 周岁（31.5%）；46～59 周岁（39.9%）；60 周岁及以上（9.4%）
婚姻状况	已婚（89.4%）；未婚（8.5%）；离婚（1.9%）；丧偶（0.2%）
家庭人口	1 人（2.2%）；2 人（11.5%）；3 人及以上（86.3%）
文化程度	小学及以下（9.2%）；中学（24.6%）；大学（56.6%）；研究生及以上（9.6%）
年收入	20 000 元及以下（6.7%）；20 001～30 000 元（8.9%）；30 001～40 000元（8.8%）；40 001～50 000 元（28.7%）；50 001 元及以上（46.9%）
工作年限	10 年以上（35.1%）；5～10 年（56.3%）；1～5 年（8.5%）；1 年以下（0.1%）
户口性质	农业（52.6%）；非农业（46.8%）；农业转居民（0.5%）；非农业转居民（0.1%）
从事职业	国家机关、党群组织、企事业单位负责人（9.5%）；专业技术人员（23.1%）；公务员、办事人员和有关人员（39.4%）；经商、商贩（11.6%）；餐饮（8.1%）；保洁、家政、保安类（6.5%）；装修（1.3%）；其他（0.5%）。
就业单位性质	机关、事业单位（24.5%）；国有及国有控股企业（23.1%）；集体企业（21.8%）；私营企业（13.7%）；个体工商户（12.9%）；外资企业（2.5%）；其他（1.5%）
就业身份	雇员（48.8%）；雇主（13.9%）；自营劳动者（35.3%）；其他（2.0%）
住房性质	租住单位/雇主房（12.5%）；政府提供廉租/公租房（19.0%）；单位/雇主提供免费住房（28.1%）；自建房（35.8%）；其他非正规居所（4.6%）

调查数据统计显示①，本次调查对象的主要情况如下：(1) 调查对象的男、女性别分别为 60.3%、39.7%，男性比女性多 20.6 个百分点；(2) 调查对象主要集中在 36~59 周岁这一年龄段，比例为 71.4%；(3) 有将近 90%的调查对象处于已婚状态，未婚及离婚的比例低，分别为 8.5%、1.9%；(4) 家庭人口数量主要是以 3 人及以上，比例为 86.3%；(5) 调查对象文化程度主要集中在中学、大学这两个阶段，比例分别为 24.6%、56.6%，有 9.6%的调查对象为研究生及以上学历；(6) 年收入主要集中于 40 000 元及以上阶段，比例为 75.6%，但也有 6.7%的调查对象的年收入不足 40 000 元；(7) 调查对象的工作年限主要集中在 10 年及以上、5~10 年这两个阶段，比例分别为 35.1%、56.3%；(8) 农业户口和非农业比例分别为 52.6%、46.8%；(9) 职业分布的排序为：公务员、办事人员和有关人员（比例为 39.4%），专业技术人员（23.1%），经商、商贩（11.6%），国家机关、党群组织、企事业单位负责人（9.5%），餐饮（8.1%），保洁、家政、保安类（6.5%），装修（1.3%），其他（0.5%）；(10) 就业单位性质排在前四位的分别为：机关、事业单位（24.5%），国有及国有控股企业（23.1%），集体企业（21.8%），私营企业（13.7%），个体工商户的比例也达到了 12.9%；(11) 就业身份主要以雇员（48.8%）和自营劳动者（35.3%）为主，就业身份为雇主的比例为 13.9%；(12) 调查对象住房性质主要为自建房、单位/雇主提供免费住房，两项比例总计高达 63.9%。

① 2010 年第六次全国人口普查数据，男性、女性人口分别占 51.27%、48.73%；0~14 岁、15~59 岁和 60 岁及以上人口分别占 16.60%、70.14%、13.26%；居住在城镇、乡村的人口分别占 49.68%、50.32%；在 6 岁及以上的人口（1 242 546 122 人）中，未上过学、小学、初中、高中、专科、本科和研究生以上学历的分别占 5.0%、28.7%、41.7%、15.0%、5.5%、3.7%和 0.3%。本次调查样本的人口学特征与第六次全国人口普查较为接近，因此本次的调查样本具有一定的代表性。

二、调查数据的信度与效度

在许多情况下，研究者希望对某一社会现象的总体 N[①] 或某一类人的总体进行描述和研究，但它往往是不现实的。例如，在总体 N 为非常庞大规模的情况下，无法对总体进行有效研究。比较理想的情况是：只研究总体中的一部分个体（样本 n[②]），但所得到的却不仅仅是这一部分个体的情况，而是渗透在、体现在这一部分个体身上总体的情况。要使选择的个体能够尽可能地表现总体的情况，如何抽样[③]显而易见是非常重要的。

一般来说，统计学中通常以 30 为界，将样本分为大样本（30 个样本及以上）和小样本（30 个样本以下）。之所以这样区分，是因为当样本规模大于 30 时，无论总体的分布如何，其平均数的抽样分布将接近于正态分布，即样本所得到的结果基本上能够反映总体的情况。根据概率统计学中的中心极限定理，当样本 n 足够大时（通常假定大于 30），无论总体 N 的分析如何，其样本平均数所构成的分布都趋于正态分布。对于任何一次随机抽样来说，其样本的统计值落在总体参数值正负 1.65 个标准误之间的概率是 90.0%；落在总体参数值正负 1.95 个标准误之间的概率是 95.0%。本研究报告样本的抽样方式为概率抽样[④]中的分层抽样（stratified sampling）[⑤]，样本总共为 600 份。也就是说，本研究报告中 600 份样本，在容许误差为 5.0%的情况下，样本的统计值落在总体参数值正负 1.65 个标准

① 总体是指构成它的所有元素的集合。

② 样本是指从总体中按照一定的方式抽出的一部分元素的集合。

③ 抽样是指从组成某个总体的所有元素的集合中，按照一定的方式选择或者抽出一部分元素的过程。

④ 概率抽样是指依据概率论的基本原理，按照随机原则进行的抽样；它能够避免抽样过程中的人为误差，保证样本的代表性。

⑤ 分层抽样又称类型抽样，它是先将总体中的所有单位按某种特征或标志（如地域、年龄、职业等等）划分成若干类型或层次，然后再在各个类型或层次中采用简单随机抽样的办法抽取一个子样本。

误之间的概率是90.0%。对抽样数据的显著性检验（significance test）[①] 也说明，该抽样数据接近于正态分布，在概率 P 为95.0%的情况下，能够通过显著性检验。

三、城乡居民参加社会养老保险的基本情况

福建省城乡居民参加社会保障项目的基本情况如表5-3所示。调查对象参加社会养老保险各项目情况分别为：有15.6%的人参加了国家公职人员社会养老保险、48.6%的人参加城乡居民社会养老保险、20.7%的人参加城镇企业职工社会养老保险，参加商业性社会养老保险的比例比较高，为35.6%。参加医疗保险项目的排序为：工伤保险（比例为56.8%）、城乡居民基本医疗保险（49.1%）、商业医疗保险（46.7%）、生育保险（33.9%）和城镇职工基本医疗保险（25.6%），有6.5%的城乡居民没有参加任何项目的医疗保险。获得社会救助[②]项目的排序为：自然灾害救助（比例为18.9%）、临时困难补助（16.1%）、医疗救助（11.5%）、优抚安置（11.5%）、教育救助（8.2%）和住房救助（6.7%），有高达48.3%城乡居民没有获得加任何项目的社会救助。调查数据同时显示，分别有8.2%、91.8%的城乡居民享有、不享有城镇居民最低生活保障；有68.3%的城乡居民缴纳了住房公积金。

① 显著性检验就是事先对总体（随机变量）的参数或总体分布形式做出一个假设，然后利用样本信息来判断这个假设（备则假设）是否合理，即判断总体的真实情况与原假设是否有显著性差异。

② 国务院《社会救助暂行办法》（国务院令第649号，2014年2月21日）将“社会救助”分为最低生活保障、特困人员供养、受灾人员救助、医疗救助、教育救助、住房救助、就业救助、临时救助等几个方面。福建省人民政府《关于进一步做好社会救助工作的意见》（闽政〔2014〕58号，2014年11月21日）将“社会救助”分为最低生活保障、特困人员供养、受灾人员救助、医疗救助、教育救助、住房救助保障、就业救助、临时救助等几个方面。考虑到调查对象数据可以获得以及可以量化的原因，本次调查设定的“社会救助”主要包括医疗救助、教育救助、自然灾害救助、住房救助、临时困难补助、优抚安置等几个方面。

表 5-3 福建省城乡居民参加社会保障项目的基本情况

项目	子类型比例
参加社会养老保险(多项选择)	国家公职人员社会养老保险(15.6%);城乡居民社会养老保险(48.6%);城镇企业职工社会养老保险(20.7%);商业性社会养老保险(35.6%);没有参加(3.5%)
参加医疗保险(多项选择)	城乡居民基本医疗保险(49.1%);城镇职工基本医疗保险(25.6%);工伤保险(56.8%);生育保险(33.9%);商业医疗保险(46.7%);没有参加(6.5%)
获得社会救助(多项选择)	医疗救助(11.5%);教育救助(8.2%);自然灾害救助(18.9%);住房救助(6.7%);临时困难补助(16.1%);优抚安置(11.5%);没有(48.3%)
是否享有城镇居民最低生活保障	享有(8.2%);不享有(91.8%)
是否享有住房公积金	享有(68.3%);不享有(31.7%)

第二节 社会养老保险调节收入再分配的影响因素

以下再分别从城乡居民参加社会养老保险、参加医疗保险、获得社会救助、享有城镇居民最低生活保障和享有住房公积金等项目情况的覆盖范围、保障水平、瞄准机制和转移率四个方面分别做分析。

一、覆盖范围

从覆盖范围来看，由于社会养老保险是针对年满60周年及以上的全部国民的，对他们退出劳动年龄后维持最基本生活水平具有重要意义。因此，考察城乡居民参加社会养老保险的覆盖面是分析社会养老保险调节再收入分配效应的重要出发点。2018年福建省国民经济和社会发展统计公报数据显示，该年末参加城镇基本养老保险人数1 074.26万人，比前一年增

加51.95万人。其中参保职工883.66万人，参保的离退休人员190.6万人；福建省企业参加基本养老保险离退休人员为144.02万人，全部实现养老金按时足额发放；福建省参加基本医疗保险人数3 804.72万人，其中参保职工853.04万人，参保的城乡居民2 951.68万人；福建省参加失业保险人数570.27万人，比前一年减少42.06万人。① 本次调查数据显示，参加国家公职人员社会养老保险、城乡居民社会养老保险、城镇企业职工社会养老保险、商业性社会养老保险的比例分别为15.5%、48.6%、20.7%、35.6%，其总和覆盖面为96.5%。这一比例还是比较高的。

二、保障水平

保障水平是社会保障调节再收入分配效应的另一个重要指标。2018年福建省国民经济和社会发展统计公报数据显示，2018年末福建省领取失业保险金人数5.05万人，比前一年增加0.12万人；福建省纳入城市最低生活保障的居民6.08万人，减少0.73万人；纳入农村最低生活保障的居民37.81万人，减少1.27万人；城乡特困人员6.97万人；全年全省脱贫0.4万人，“造福工程”搬迁1.6万人。② 调查数据显示，闽南地区城乡居民获得社会救助（包括医疗救助、教育救助、自然灾害救助、住房救助、临时困难补助、优抚安置等几个方面）的中位数年平均为1 201.54元，享有最低生活保障年平均为825.08元。③ 如果将最低生活保障制度补偿率④作为

① http://tjj.fujian.gov.cn/xxgk/tjgb/201902/t20190228_4774952.htm?from=groupmessage&isappinstalled=0。

② http://tjj.fujian.gov.cn/xxgk/tjgb/201902/t20190228_4774952.htm?from=groupmessage&isappinstalled=0。

③ 福建省《关于进一步做好社会救助工作的意见》（2014年11月21日）规定：城市最低生活保障标准按当地最低工资标准的36%~42%确定，农村最低生活保障标准按不低于当地上年度农民人均生活消费支持的25%确定（2015年按不低于2 300元的标准确定比例），并按规定落实与物价上涨的挂钩联动机制。属农村五保供养的特困供养人员标准按不低于当地农村居民家庭上年度人均生活消费支出的70%确定，属城市“三无”人员的特困供养人员标准按不低于当地城市低保标准的130%确定。

④ 最低生活保障制度补偿率=（上一年低保收入/全年家庭所需花费）×100%。

因自变量，将家庭人口、户口性质（城镇居民、农村地区）、工作年限等作为因变量，纳入回归模型，分析结果显示，最低生活保障制度补偿率与家庭年收入、户口性质等变量呈现出较为明显的正相关关系。表 5-4 是闽南地区最低生活保障制度补偿率多元回归矩阵。表中数据显示，最低生活保障制度补偿率与家庭年收入之间的相关系数为 0.108（$P=0.00<0.05$）；如果以加入工作年限作为协变量，其相关系数为 0.185（$P=0.00<0.01$）。其中相对于泉州市、漳州市来说，厦门地区最低生活保障制度补偿率与家庭年收入之间影响的显著度更为显著。

表 5-4　福建省城乡居民最低生活保障制度补偿率与相关自变量的多元回归矩阵

	R	常数	户口性质（农村地区、城镇地区）	地区（以福建省平均水平作为参照）		
				厦门	泉州	漳州
模型 1	0.108	22.524	8.326	–	–	–
模型 2	0.185**	31.432**	10.004**	3.125	2.543**	2.005
**. 在置信度（双测）为 0.01 时，相关性是显著的。						

如果以最低生活保障替代率①作为因自变量，将家庭人口、户口性质（城镇居民、农村地区）、工作年限等作为因变量，纳入回归模型，分析结果显示，与最低生活保障制度补偿率做比较，最低生活保障替代率与家庭年收入、户口性质（城镇居民、农村地区）等变量之间的相关关系没有发生明显变化。表 5-5 是闽南地区最低生活保障制度补偿率与相关自变量的多元回归矩阵。表中数据显示，最低生活保障制度补偿率与家庭年收入之间的相关系数为 0.112（$P=0.00<0.05$）；如果以加入工作年限作为协变量，其相关系数为 0.198（$P=0.00<0.01$）。其中相对于泉州市、漳州市来说，厦门地区最低生活保障制度补偿率与家庭年收入之间影响的显著度更为显著。也就是说，厦门地区最低生活保障制度补偿率对调节收入再分配效应更加明显，产生的作用较为显著。

① 最低生活保障替代率=（上一年低保收入/全年收入）×100%。

表 5-5　福建省城乡居民最低生活保障替代率与相关自变量的多元回归矩阵

	R	常数	户口性质（农村地区、城镇地区）	地区（以福建省平均水平作为参照）		
				厦门	泉州	漳州
模型 1	0.112	25.005	8.008	–	–	–
模型 2	0.198**	33.008**	10.525**	3.568	2.673**	2.341
**. 在置信度（双测）为 0.01 时，相关性是显著的。						

调查数据同时显示，闽南地区城镇居民、农村地区居民认为其个人月基本生活费用分别不低于 1 354.68 元、1 243.23 元。由此可见，其实际所需要的低保金要大于政府确定的最低生活保障标准。从城镇居民、农村地区居民对目前政府确定的最低生活保障标准评价来看，分别有 85.59%、80.23%的城镇居民、农村地区居民认为其确定有标准较低。

三、瞄准机制

瞄准机制是学者们在关于精准扶贫对象筛选方面所提出的一个概念。他们认为，扶贫“瞄准机制”是“在扶贫中形成的贫困人口动态识别机制，包括了扶贫瞄准的主体、对象、内容、依据、表现形式等”。[①] 本研究报告借鉴这一概念，并以“瞄准机制”作为影响社会保障制度（这里主要以城乡居民最低生活保障制度作为衡量指标）调节收入再分配效应的重要因素。城乡居民参加社会保障的调查数据显示，分别有 64.03%、72.24%的被调查者认为自己完全符合或者部分符合最低生活保障的条件，只有 1.13%的调查对象认为自己不符合低保条件；从获得低保的方式或者途径来看，分别有 23.53%、11.85%的被调查者认为其合理、基本合理，但也有 6.90%的被调查者认为其方式或者途径是不合理的；从低保政策的实施效应来看，分别有 60.02%、67.05%的被调查者认为其实现、基本实现了

① 王朝明、王彦西：《中国精准扶贫、瞄准机制和政策思考》，《贵州财经大学学报》2018 年 01 期。

政策预期，但也有5.45%的被调查者认为低保政策实施效应还有待得到进一步的加强。调查数据显示，城乡居民获得低保的时间平均为4.18年，最长的为10.45年，城镇、城乡居民分别为5.23年、3.54年。从以上数据中可以发现，最低生活保障制度的瞄准机制发挥的作用较好，基本上达到了预期的目的。但是，最低生活保障制度的退出机制还有待完善的地方。调查数据显示，只有6.32%的被调查者考虑过退出低保制度。表5-6为闽南地区最低生活保障退出率与相关自变量的多元回归矩阵。表中数据显示，最低生活保障退出率与家庭年收入之间的相关系数为0.231（$P=0.00<0.01$），如果以加入工作年限作为协变量，其相关系数为0.254（$P=0.00<0.05$）。其中相对于泉州市、厦门市来说，漳州地区最低生活保障制度补偿率与家庭年收入之间影响的显著度更为显著，也就是说，漳州地区最低生活保障制度补偿率对调节收入再分配效应更加明显，产生的作用较为显著。

表5-6　福建省城乡居民最低生活保障退出率与相关自变量的多元回归矩阵

	R	常数	户口性质（农村地区、城镇地区）	地区（以福建省平均水平作为参照）		
				厦门	泉州	漳州
模型1	0.231**	58.178**	11.231**	—	—	—
模型2	0.254	60.231	11.658	6.008	6.432	7.121
**. 在置信度（双测）为0.01时，相关性是显著的。						

四、转移率

社会保障的转移率是衡量社会保障调节收入再分配效应的另一重要指标。社会保障的转移率是指终身养老金缴费累积精算现值与终身的养老金给付待遇精算现值之间的差额来衡量社会保障调节收入再分配的定量效应。有三种情况：如果终身养老金缴费累积精算现值大于终身的养老金给付待遇精算现值，则表现为养老金给付待遇的转入；如果终身养老金缴费累积精算现值小于终身的养老金给付待遇精算现值，则表现为养老金给付待遇的转出；如果终身养老金缴费累积精算现值等于终身的养老金给付待

遇精算现值，则表现为养老金缴费与给付待遇的相同。其计算公式为：转移率=转移额/终生养老金缴费总额×100%。

表5-7为闽南地区城乡居民不同自变量社会保障的转移率。性别、年龄、文化程度、工作年限、年收入和就业身份等自变量社会保障的转移率为正值，即养老金给付待遇的转入；而婚姻状况、户口性质和从事职业等自变量社会保障的转移率为正值，即养老金给付待遇的转出。以性别因素为例，相对于男性城乡居民来说，女性城乡居民社会保障转移率增加了26.0%；而婚姻不完整的城乡居民的社会保障转移率减少了27.0%。

表5-7　福建省城乡居民不同自变量社会保障的转移率

单位：%

	性别	年龄	婚姻状况	文化程度	工作年限	户口性质	从事职业	年收入	就业身份
转移率	0.628	0.608	−1.025	1.125	1.341	−0.548	−0.768	1.868	1.534
B	0.231	1.285	−0.321	0.438	0.351	−0.210	−1.005	0.895	0.655
Exp（B）	1.26	3.61	0.73	1.55	1.42	0.81	0.37	2.45	1.93
**. 在置信度（双测）为0.01时，相关性是显著的。									

进一步分析发现（表5-8、表5-9），福建省城乡居民参加社会养老保险项目、医疗保险项目、获得社会救助项目与其年龄变量呈现出明显的正相关关系（P=0.000<0.01），其Spearman的rho相关系数分别为0.098.0.101和0.102。城乡居民参加社会养老保险项目、医疗保险项目、获得社会救助项目与性别、家庭人口、文化程度、年收入、工作年限、户口性质、就业身份等变量之间呈现出明显的负相关关系（$P=0.000<0.01$），其Spearman的rho相关系数分别为−0.115、−0.109、−0.088、−0.078、−0.083、−0.098，−0.101、−0.091、−0.115，−0.075、−0.095、−0.098，−0.078、−0.085、−0.083，−0.102、−0.113、−0.108，−0.105、−0.972、−0.112。城乡居民参加社会养老保险项目、医疗保险项目、获得社会救助项目其与婚姻状况（$P=0.155>0.01$）、从事职业（$P=0.155>$

0.01）、就业单位性质（$P=0.155>0.01$）、住房性质（$P=0.015>0.01$）等变量没有通过显著性检验。

表 5-8　福建省城乡居民参加社会保障情况与其自变量矩阵表

		性别	年龄	婚姻状况	家庭人口	文化程度	年收入
Spearman 的 rho（参加社会养老保险）	相关系数	-.115**	.098**	.103	-.078	-.101	-.075**
	Sig.（双侧）	.000	.000	.155	.000	.000	.000
Spearman 的 rho（参加医疗保险）	相关系数	-.109**	.101**	.121	-.083	-.091	-.095**
	Sig.（双侧）	.000	.000	.155	.000	.000	.000
Spearman 的 rho（获得社会救助）	相关系数	-.088**	.102**	.121	-.098	-.115	-.098**
	Sig.（双侧）	.000	.000	.155	.000	.000	.000
**. 在置信度（双测）为 0.01 时，相关性是显著的。							

表 5-9　福建省城乡居民参加社会保险情况与其他因变量矩阵表

		工作年限	户口性质	从事职业	就业单位性质	就业身份	住房性质
Spearman 的 rho（参加社会养老保险）	相关系数	-.078**	-.102**	-.088	-.103	-.105	-.089**
	Sig.（双侧）	.000	.000	.155	.015	.000	.055
Spearman 的 rho（参加医疗保险）	相关系数	-.085**	-.113**	-.102	-.121	-.972	-.103**
	Sig.（双侧）	.000	.000	.155	.015	.000	.055
Spearman 的 rho（参加社会救助）	相关系数	-.083**	-.108**	-.102	-.098	-.112	-.108**
	Sig.（双侧）	.000	.000	.155	.015	.000	.055
**. 在置信度（双测）为 0.01 时，相关性是显著的。							

城乡居民参加社会保险项目与其年龄、性别、家庭人口、文化程度、年收入、工作年限、户口性质、就业身份等控制变量之间的 Logistic Regression 结果见下表所示。模型 1 反映了年龄控制变量对城乡居民参加社会保险项目的影响程度；模型 2 反映了性别、家庭人口、文化程度、年收入、

工作年限等控制变量对城乡居民参加社会保险项目的影响程度；模型 3 在模型 2 的基础上加入了期望值因子（户口性质、就业身份）。从表 5-10 数据中可以发现，实证结果证实了年龄等因素对于城乡居民参加社会保险项目具有一定的正效应，而性别、家庭人口、文化程度、年收入、工作年限等等因素对于城乡居民参加社会保险项目具有一定的负效应。在模型 1 的基础上，模型 2 引入城乡居民单位行业变量后，从卡方值、虚拟确定系数值来看，模型的模拟效果有了相当程度的提高。模型 3 中，在控制其他变量的情况下，城乡居民参加社会保险项目对于这些变量来说具有一定的正效应，且显著度均达到了 0.01（$P>0.01$）以上的水平。表中数据显示，以年龄作为分析变量，年龄每提高一个等级，其参加社会保险项目的比例提高了 17.0 个百分点；以性别作为分析变量，相对于男性来说，女性参加社会保险项目的比例减少了 12.1%；相对于家庭人口少的城乡居民来说，家庭人口越来越多地参加社会保险项目的比例减少了 13.1%；相对于文化程度低的城乡居民来说，文化程度越高的参加社会保险项目的比例减少了 14.5%；相对于年收入低的城乡居民来说，年收入越高的参加社会保险项目的比例减少了 12.1%；相对于工作年限短的城乡居民来说，工作年限越长的参加社会保险项目的比例减少了 12.1%；就业较为灵活的城乡居民比就业相对固定的城乡居民参加社会保险项目的比例减少了 13.1%。

表 5-10 福建省城乡居民参加社会保险的影响因素

	模型 1		模型 2		模型 3	
	B1	Exp（B1）	B2	Exp（B2）	B3	Exp（B3）
年龄	0.154	1.17	0.161	1.17	0.168	1.18
性别	—	—	-0.121	0.89	-0.156	0.86
家庭人口	—	—	-0.131	0.88	-0.142	0.87
文化程度	—	—	-0.145**	0.87	-0.168	0.85
年收入	—	—	-0.108**	0.90	-0.115	0.89
工作年限	—	—	-0.154	0.86	-0.158**	0.85

续表

	模型 1		模型 2		模型 3	
	B1	Exp（B1）	B2	Exp（B2）	B3	Exp（B3）
户口性质	—	—	—	—	-0.121**	0.89
就业身份	—	—	—	—	-0.131	0.88
常量	61.011	—	63.432	—	64.093	—
卡方值	8.341	—	8.871	—	9.342	—
似然值	34.431	—	36.452	—	38.265	—
虚拟确定系数	0.451	—	0.548	—	0.668	-
**. 在置信度（双测）为 0.01 时，相关性是显著的						

第三节　城乡居民社会养老保险收入再分配效应的回归分析

由于城乡居民对于社会保障制度、社会养老保险是否能够调节收入再分配属于二分变量（能够、不能够），本文利用逻蒂斯克回归模型（Logistic Regression）做二元逻辑因归，分析因变量和自变量之间的逻辑关系。其因变量为社会保障制度是否能够调节收入再分配，自变量主要选择性别（男、女），年龄（35 周岁及以下、36~45 周岁、46~59 周岁、60 周岁及以上），婚姻状况（已婚、未婚、离婚、丧偶），家庭人口情况(1 人、2 人、3 人及以上)，文化程度（小学及以下、中学、大学、研究生及以上），家庭年收入（20 000 元及以下、20 001~30 000 元、30 001~40 000 元、40 001~50 000 元、50 001 元及以上），工作年限（10 年以上、5~10 年、1~5 年、年以下），户口性质（农业、非农业、农业转居民、非农业转居民），就业单位性质（机关/事业单位、国有及国有控股企业、集体企业、私营企业、个体工商户、外资企业、其他），就业身份（雇员、雇主、自营劳动者、其他）。

表 5-11 分别给出了城乡居民对于社会保障制度、社会养老保险是否能够调节收入再分配的评价模型拟合优度评价结果的统计量。Cox & Snell R Square（R^2）统计量和 Nagelkerke R Square（R^2）统计量分别为 0. 05、0. 06 和 0. 02、0. 03，意味着模型只能分别解释被解释量 2. 0%、5. 0%左右的变动。

表 5-11　福建省城乡居民社会保障评价模型拟合优度评价结果

Step	-2 Log likelihood	Cox & Snell R Square	Nagelkerke R Square
1	674. 001a	. 05	. 02
2	684. 115a	. 06	. 03
a. Estimation terminated at iteration number 3 because parameter estimates changed by less than . 001			

表 5-12 分别是城乡居民对于社会保障制度、社会养老保险是否能够调节收入再分配的评价的二分逻蒂斯克回归系数估计值及其显著性检验结果，主要包括各自变量的回归系数及其标准误、Waldx^2 自由度、Sig. 值以及 OR 值［Exp（B）］等。表中数据显示，城乡居民对于社会保障制度是否能够调节收入再分配的评价与其年龄（P=0. 000<0. 01）、婚姻状况（P=0. 000<0. 01）和户口性质（P=0. 001<0. 01）等变量呈现出正相关关系，其 Beta 系数分别为 0. 098、0. 095 和 0. 095，说明因变量分别能够解释 9. 8%、9. 5%和 9. 5%自变量的变化量；其发生比率分别为 1. 10、1. 10 和 1. 10，说明随着年龄、婚姻状况和户口性质的变化，其城乡居民对于社会保障制度是否能够调节收入再分配评价的比例分别提高了 10. 0%、10. 0%和 10. 0%。城乡居民对于社会保障制度是否能够调节收入再分配的评价与其性别（P = 0. 020 < 0. 050）、家庭人口（P = 0. 020 < 0. 050）、文化程度（P=0. 005<0. 01）、家庭年收入（P=0. 000<0. 01）、工作年限（P=0. 020<0. 050）、就业单位性质（P = 0. 000 < 0. 01）和就业身份（P = 0. 020 < 0. 050）等变量呈现出负相关关系，其 Beta 系数分别为-0. 089、-0. 084、-0. 083、-0. 09、-0. 082、-0. 084 和-0. 094，说明因变量分别能够解释

8.9%、8.4%、8.3%、9.0%、8.2%、8.4%和9.4%自变量的变化量；其发生比率分别为0.91、0.92、0.92、0.91、0.92、0.92和0.91，说明随着性别、家庭人口、文化程度、家庭年收入、工作年限、就业单位性质和就业身份等变量的变化，其城乡居民对于社会保障制度是否能够调节收入再分配评价的比例分别降低了9.0%、8.0%、8.0%、9.0%、9.0%、9.0%和8.0%。

表5-12数据同时显示，城乡居民对于社会养老保险是否能够调节收入再分配的评价与其年龄（$P=0.000<0.01$）、婚姻状况（$P=0.000<0.01$）和户口性质（$P=0.001<0.01$）等变量呈现出正相关关系，其Beta系数分别为0.095.0.098和0.098，说明因变量分别能够解释9.5%、9.8%和9.8%自变量的变化量；其发生比率分别为1.10、1.10和1.10，说明随着年龄、婚姻状况和户口性质的变化，其城乡居民对于社会养老保险是否能够调节收入再分配评价的比例分别提高了10.0%、10.0%和10.0%。城乡居民对于社会养老保险是否能够调节收入再分配的评价与其性别（$P=0.020<0.050$）、家庭人口（$P=0.020<0.050$）、文化程度（$P=0.005<0.01$）、家庭年收入（$P=0.000<0.01$）、工作年限（$P=0.020<0.050$）、就业单位性质（$P=0.000<0.01$）和就业身份（$P=0.020<0.050$）等变量呈现出负相关关系，其Beta系数分别为-0.012、-0.082、-0.081、-0.099、-0.086、-0.082和-0.092，说明因变量分别能够解释1.2%、8.2%、8.1%、8.9%、8.6%、8.2%和9.2%自变量的变化量；其发生比率分别为0.99、0.92、0.92、0.91、0.92、0.92和0.91，说明随着性别、家庭人口、文化程度、家庭年收入、工作年限、就业单位性质和就业身份等变量的变化，其城乡居民对于社会养老保险是否能够调节收入再分配评价的比例分别降低了1.0%、8.0%、8.0%、9.0%、8.0%、8.0%和9.0%。

表5-12数据同时显示，城乡居民对于社会保障制度、社会养老保险是否能够调节收入再分配的评价与其从事职业（$P=0.050>0.01$）、住房性质（$P=0.050>0.01$）没有通过显著性检验，也就是说，从事职业、住房性质对城乡居民社会保障调节再收入分配没有产生影响。

表 5-12　福建省城乡居民对于社会保障制度、社会养老保险是否能够调节收入再分配评价的回归系数估计值及其显著性检验结果

		B_1	B_2	S. E_1.	S. E_2.	$Wald_2$	$Wald_2$	Sig_2.	Sig_2.	Exp (B_1)	Exp (B_2)
Step 1[a]	性别	-. 089**	-. 092**	. 163	. 197	. 313	. 356	. 020	. 020	0. 91	0. 91
	年龄	. 098	. 095	. 071	. 090	. 021	. 032	. 000	. 000	1. 10	1. 10
	婚姻状况	. 095	. 098	. 179	. 189	. 001	. 008	. 000	. 000	1. 10	1. 10
	家庭人口	-. 084**	-. 082**	. 076	. 090	. 101	. 121	. 020	. 020	0. 92	0. 92
	文化程度	-. 083	-. 081	. 071	. 089	. 107	. 118	. 005	. 005	0. 92	0. 92
	家庭年收入	-. 091	-. 099	. 162	. 181	. 313	. 373	. 000	. 000	0. 91	0. 91
	工作年限	-. 082**	-. 086**	. 074	. 098	. 332	. 352	. 020	. 020	0. 92	0. 92
	户口性质	. 095	. 098	. 179	. 189	. 001	. 008	. 001	. 001	1. 10	1. 10
	就业单位性质	-. 084	-. 082	. 076	. 090	. 101	. 121	. 000	. 000	0. 92	0. 92
	就业身份	-. 094**	-. 092**	. 076	. 090	. 101	. 121	. 020	. 020	0. 91	0. 91
	从事职业	. 085	. 086	. 121	. 125	. 089	. 097	. 050	. 050	1. 09	1. 09
	住房性质	. 058	. 061	. 079	. 088	. 098	. 101	. 050	. 050	1. 06	1. 06
	Constant	4. 316	5. 345	. 570	. 610	. 307	. 382	. 001	. 001	74. 89	209. 56

**. 在置信度（双测）为 0. 05 时，相关性是显著的。

由此建立的回归模型为：城乡居民对于社会保障制度、社会养老保险是否能够调节收入再分配评价的指数分别为：

（1）Z_1=4.316-性别 x×0.089+年龄 x×0.098+婚姻状况 x×0.095-家庭人口 x×0.084-文化程度 x×0.083-家庭年收入 x×0.091-工作年限 x×0.082+户口性质 x×0.095-就业单位性质 x×0.084-就业身份 x×0.094；

（2）Z_2=5.345-性别 x×0.092+年龄 x×0.095+婚姻状况 x×0.098-家庭人口 x×0.082-文化程度 x×0.081-家庭年收入 x×0.099-工作年限 x×0.086+户口性质 x×0.098-就业单位性质 x×0.082-就业身份 x×0.092。城乡居民对于社会保障制度、社会养老保险是否能够调节收入再分配评价的概率为：

Prob（Z_x）=1/（$1+e^{-Zx}$）①。

城乡居民对于社会保障制度是否能够调节收入再分配评价的回归模型解释情况分为两种情况：

第一种情况城乡居民的基本情况为：性别（男 x=1）、年龄（35 周岁及以下 x=1）、婚姻状况（已婚 x=1）、家庭人口情况（1 人 x=1）、文化程度（小学及以下 x=1）、家庭年收入（20 000 元及以下 x=1）、工作年限（10 年以上 x=1）、户口性质（农业 x=1）、目前就业单位性质（机关、事业单位 x=1）、就业身份（雇员 x=1）。其指数别为：Z（1）=4.316-1×0.089+1×0.098+1×0.095-1×0.084-1×0.083-1×0.091-1×0.082+1×0.095-1×0.084-1×0.094=3.997。

第二种情况城乡居民的基本情况为：性别（女 x=2）、年龄（60 周岁及以上 x=4）、婚姻状况（丧偶 x=4）、家庭人口情况（3 人及以上 x=3）、文化程度（研究生及以上 x=4）、家庭年收入（50 001 元及以上 x=5）、工作年限（1 年以下 x=4）、户口性质（非农业转居民 x=4）、就业单位性质（其他 x=7）和就业身份（其他 x=4。其指数别为：Z（2）=4.316-2×0.089+2×0.098+4×0.095-4×0.084-3×0.083-4×0.091-5×0.082+4×0.095-4×0.084-7×0.094=3.859。

① 在通常情况下，Prob（Z）< 0.5 时，可预测到某事件不发生；Prob（Zx）> 0.5 时，可预测到某事件可发生。

城乡居民对于社会保障制度是否能够调节收入再分配评价的概率分别为：

Prob（Z_1）$=1/(1+e^{3.997})=0.018$；Prob（Z_2）$=1/(1+e^{3.859})=0.021$。上式 Prob（Z_1）、Prob（Z_2）<0.5 时，可预测到城乡居民对于社会保障制度对于收入再分配调节评价这一事件发生概率不是很大。

城乡居民对于社会养老保险是否能够调节收入再分配评价的回归模型解释情况分为两种情况：

第一种情况城乡居民的基本情况为：性别（男 x=1）、年龄（35 周岁及以下 x=1）、婚姻状况（已婚 x=1）、家庭人口情况（1 人 x=1）、文化程度（小学及以下 x=1）、家庭年收入（20 000 元及以下 x=1）、工作年限（10 年以上 x=1）、户口性质（农业 x=1）、目前就业单位性质（机关、事业单位 x=1）、就业身份（雇员 x=1）。其指数别为：$Z(1)=5.345-1\times0.092+1\times0.095+1\times0.098-1\times0.082-1\times0.081-1\times0.099-1\times0.086+1\times0.098-1\times0.082-1\times0.092=5.022$。

第二种情况城乡居民的基本情况为：性别（女 x=2）、年龄（60 周岁及以上 x=4）、婚姻状况（丧偶 x=4）、家庭人口情况（3 人及以上 x=3）、文化程度（研究生及以上 x=4）、家庭年收入（50 001 元及以上 x=5）、工作年限（1 年以下 x=4）、户口性质（非农业转居民 x=4）、就业单位性质（其他 x=7）和就业身份（其他 x=4。其指数别为：$Z(2)=5.345-2\times0.092+2\times0.095+4\times0.098-4\times0.082-3\times0.081-4\times0.099-5\times0.086+4\times0.098-4\times0.082-7\times0.092=3.774$。

城乡居民对于社会养老保险是否能够调节收入再分配评价的概率分别为：

Prob（Z_1）$=1/(1+e^{5.022})=0.065$；

Prob（Z_2）$=1/(1+e^{3.774})=0.022$。

上式 Prob（Z1）、Prob（Z_2）<0.5 时，可预测到城乡居民对于社会养老保险是否能够调节收入再分配评价这一事件不发生。

第六章

城乡居民对社会养老保险收入再分配效应的评价

第一节　城乡居民对社会保险收入再分配效应的主观认知

城乡居民对于参加社会保障项目后收入再分配提高比例的直接和主观评价，也是社会保障调节收入再分配的重要衡量指标。调查数据显示（表6-1），福建省城乡居民一般都认为社会保障能够调节收入的再分配。有54.32%的调查对象认为社会保障制度能够调节收入再分配，从社会保障的分项目来说，分别有67.09%、60.39%和23.15%的调查对象认为社会养老保险、医疗保险和最低生活保障能够调节收入再分配；有35.67%的调查对象满意社会保障制度对于收入再分配发挥的调节作用，从社会保障的分项目来说，分别有45.01%、34.28和28.86%的调查对象认为社会养老保险、医疗保险和最低生活保障对于收入再分配发挥的调节作用；分别有9.23%、45.08%的调查对象认为社会保障制度在收入再分配调节过程中发挥

“很公平”“较公平”的作用，从社会保障的分项目来说，分别有20.35%、51.28%，18.98%、49.36%和19.56%、40.45%调查对象认为社会养老保险、医疗保险和最低生活保障在收入再分配调节过程中发挥“很公平”“较公平”的作用。

表6-1　福建省城乡居民对于社会保障调节收入再分配的主观评价情况表

项目	子类型比例
社会保障制度能够调节收入再分配	能够（54.32%）；不能够（45.68%）
社会养老保险能够调节收入再分配	能够（67.09%）；不能够（32.91%）
医疗保险能够调节收入再分配	能够（60.39%）；不能够（39.69%）
最低生活保障能够调节收入再分配	能够（23.15%）；不能够（76.85%）
社会救助能够调节收入再分配	能够（20.46%）；不能够（79.54%）
是否满意社会保障制度对收入再分配发挥调节作用	满意（35.67%）；不满意（64.33%）
是否满意社会养老保险对收入再分配发挥调节作用	满意（45.01%）；不满意（54.99%）
是否满意医疗保险对收入再分配发挥的调节作用	满意（34.28%）；不满意（65.72%）
是否满意最低生活保障对收入再分配发挥调节作用	满意（28.86%）；不满意（71.14%）
是否满意社会救助对收入再分配发挥调节作用	满意（31.23%）；不满意（68.77%）
对社会保障制度调节收入再分配的公平性评价	很公平（9.23%）；较公平（45.08%）；不公平（25.31%）；很不公平（20.38%）
对社会养老保险调节收入再分配的公平性评价	很公平（20.35%）；较公平（51.28%）；不公平（12.87%）；很不公平（15.50%）

续表

项目	子类型比例
对医疗保险调节收入再分配的公平性评价	很公平（18.98%）；较公平（49.36%）；不公平（25.56%）；很不公平（6.10%）
对最低生活保障调节收入再分配的公平性评价	很公平（19.56%）；较公平（40.45%）；不公平（23.67%）；很不公平（16.32%）
对社会救助调节收入再分配的公平性评价	很公平（19.23%）；较公平（44.05%）；不公平（28.36%）；很不公平（8.36%）

城乡居民对于参加社会保障项目后收入再分配提高比例的主观认识和评价，是社会保障调节收入再分配效应的重要衡量指标。调查数据显示（表6-2、表6-3），福建省城乡居民对于参加社会保障制度后收入再分配发挥调节作用的主观认识和评价，和其自变量之间存在着一定的关系。城乡居民认为社会保障制度能够发挥收入再分配的调节作用与其年龄（$P=0.000<0.01$）、婚姻状况（$P=0.001<0.01$）、户口性质（$P=0.000<0.01$）等变量之间呈现出正相关关系，其Spearman的rh相关系数分别为0.098、0.105、0.105、0.098。

就社会保障的分项目来说，福建省城乡居民认为社会养老保险、社会救助、医疗保险和最低生活保障能够发挥收入再分配的调节作用与其年龄（$P=0.000<0.01$）、婚姻状况（$P=0.001<0.01$）、户口性质（$P=0.000<0.01$）等变量之间呈现出正相关关系，其Spearman的rh相关系数分别为0.098、0.105、0.105、0.098，0.105、0.102、0.105、0.108，0.115、0.115、0.105、0.093，0.115、0.108、0.121、0.095。城乡居民认为社会保障制度能够发挥收入再分配的调节作用与其性别（$P=0.001<0.01$）、家庭人口（$P=0.000<0.01$）、文化程度（$P=0.000<0.01$）、年收入（$P=0.000<0.01$）、工作年限（$P=0.000<0.01$）、就业单位性质（$P=0.000<0.01$）、就业身份（$P=0.005<0.01$）等变量之间呈现出负相关关系，其Spearman的rh相关系数分别为-0.106发、-0.095、-0.102、-0.106、

-0. 112、-0. 099、-0. 115。

就社会保障的分项目来说，福建省城乡居民认为社会养老保险、社会救助、医疗保险和最低生活保障能够发挥收入再分配的调节作用与性别（P=0. 001<0. 01）、家庭人口（P=0. 000<0. 01）、文化程度（P=0. 000<0. 01）、年收入（P=0. 000<0. 01）、工作年限（P=0. 000<0. 01）、就业单位性质（P=0. 000<0. 01）、就业身份（P=0. 005<0. 01）等变量之间呈现出负相关关系，其 Spearman 的 rh 相关系数分别为-0. 117、-0. 086、-0. 089、-0. 095，-0. 087、-0. 113、-0. 103、-0. 098，-0. 101、-0. 112、-0. 087、-0. 115，-0. 112、-0. 098、-0. 108、-0. 103，-0. 108、-0. 108、-0. 098、-0. 082，-0. 108、-0. 115、-0. 115、-0. 093，-0. 098、-0. 112、-0. 110、-0. 115。城乡居民认为社会保障制度以及社会养老保险、社会救助、医疗保险和最低生活保障等分项目能够发挥收入再分配的调节作用与其从事职业（P=0. 015>0. 01）、住房性质（P=0. 015>0. 01）这两个变量之间没有通过显著性检验。

表 6-2 福建省社会保障制度后对于收入再分配发挥调节作用主观认识相关系数矩阵

		性别	年龄	婚姻状况	家庭人口	文化程度	年收入
Spearman 的 rho（社会保障调节再收入作用）	相关系数	-. 106**	. 098**	. 105	-. 095	-. 102	-. 106**
	Sig.（双侧）	. 001	. 000	. 001	. 000	. 000	. 000
Spearman 的 rho（社会养老保险调节再收入的作用）	相关系数	-. 117**	. 105**	. 115	-. 087	-. 101	-. 112**
	Sig.（双侧）	. 001	. 000	. 001	. 000	. 000	. 000
Spearman 的 rho（社会救助调节再收入作用）	相关系数	-. 086**	. 102**	. 115	-. 113	-. 112	-. 098**
	Sig.（双侧）	. 001	. 000	. 001	. 000	. 000	. 000
Spearman 的 rho（医疗保险收入调节再收入作用）	相关系数	-. 089**	. 105**	. 105	-. 103	-. 087	-. 108**
	Sig.（双侧）	. 001	. 000	. 001	. 000	. 000	. 000

续表

		性别	年龄	婚姻状况	家庭人口	文化程度	年收入
Spearman 的 rho（最低生活保障调节再收入作用）	相关系数	-.095**	.108**	.093	-.098	-.115	-.108**
	Sig.（双侧）	.001	.000	.001	.000	.000	.000
**. 在置信度（双测）为 0.01 时，相关性是显著的。							

表 6-3 福建省社会保障制度后对于收入再分配发挥调节作用主观认识相关系数矩阵

		工作年限	户口性质	从事职业	就业单位性质	就业身份	住房性质
Spearman 的 rho（社会保障收入调节再收入作用）	相关系数	-.112**	.105**	.108	-.099	-.115	-.089**
	Sig.（双侧）	.000	.000	.015	.000	.005	.015
Spearman 的 rho（社会养老保险调节再收入作用）	相关系数	-.108**	.115**	.108	-.108	-.098	-.078**
	Sig.（双侧）	.000	.000	.015	.000	.005	.015
Spearman 的 rho（社会救助调节再收入作用）	相关系数	-.108**	.108**	.105	-.115	-.112	-.089**
	Sig.（双侧）	.000	.000	.015	.000	.005	.015
Spearman 的 rho（医疗保险收入调节再收入作用）	相关系数	-.098**	.121**	.105	-.115	-.110	-.098**
	Sig.（双侧）	.000	.000	.015	.000	.005	.015
Spearman 的 rho（最低生活保障调节再收入作用）	相关系数	-.082**	.095**	.115	-.098	-.115	-.095**
	Sig.（双侧）	.000	.000	.015	.000	.005	.010
**. 在置信度（双测）为 0.01 时，相关性是显著的。							

第二节　城乡居民对社会保险收入再分配效应的客观评价

城乡居民对于参加社会保障项目后收入再分配提高比例的评价，是社会保障调节收入再分配的重要衡量指标。调查数据显示（表6-4），参加社会保障项目后对提高福建省城乡居民收入再分配都会产生一定的贡献率。从总体上来说，参加社会保障后收入再分配提高5.0%及以下、提高5.0%~10.0%和提高10.0%及以上的比例分别为58.6%、32.2%和0.9%，认为"没有参加社会保障后收入再分配"没有提高的比例有8.3%。从参加社会保障的分项目来说，参加社会养老保险后收入再分配提高5.0%及以下、提高5.0%~10.0%和提高10.0%及以上的比例分别为60.1%、23.5%和3.5%，认为没有提高的比例有12.9%；参加社会救助项目后收入再分配提高5.0%及以下、提高5.0%~10.0%和提高10.0%及以上的比例分别为66.1%、20.7%和1.5%，认为没有提高的比例有11.7%；参加医疗保险项目后收入再分配提高5.0%及以下、提高5.0%~10.0%和提高10.0%及以上的比例分别为60.1%、23.5%和3.5%，认为没有提高的比例有12.9%；参加医疗保险项目后收入再分配提高5.0%及以下、提高5.0%~10.0%和提高10.0%及以上的比例分别为70.2%、19.1%和0.2%，认为没有提高的比例有10.5%；获得最低生活保障项目后收入再分配提高5.0%及以下、提高5.0%~10.0%和提高10.0%及以上的比例分别为60.3%、10.5%和0.7%，认为没有提高的比例有28.5%。从认为"没有参加社会保障分项目后收入再分配"没有提高的比例情况来看，排序情况分别为：获得最低生活保障（28.5%）、参加社会养老保险（12.9%）、获得社会救助（11.7%）和参加医疗保险（10.5%），但其比例都高于认为"没有参加社会保障后收入再分配"没有提高的8.3%的比例。

表 6-4　福建省城乡居民参加社会保障项目后收入再分配提高比例情况

项目	子类型比例（%）			
	没有提高	提高 5%及以下	提高 5%~10%	提高 10%及以上
参加社会保障收入再分配提高比例	8.3%	58.6%	32.2%	0.9%
参加社会养老保险收入再分配提高比例	12.9%	60.1%	23.5%	3.5%
获得社会救助的收入再分配提高比例	11.7%	66.1%	20.7%	1.5%
参加医疗保险收入再分配提高比例	10.5%	70.2%	19.1%	0.2%
获得最低生活保障收入再分配提高比例	28.5%	60.3%	10.5%	0.7%

进一步分析发现（表 6-5、表 6-6），福建省城乡居民参加社会保障项目后收入再分配提高比例与其年龄（$P=0.000<0.01$）、婚姻状况（$P=0.005<0.01$）等变量呈现出明显的正相关关系，其 Spearman 的 rho 相关系数分别为 0.104、0.112、0.112、0.115、0.113，0.097、0.109、0.104、0.119、0.118。与性别（$P=0.001<0.01$）、家庭人口（$P=0.000<0.01$）、文化程度（$P=0.000<0.01$）、年收入（$P=0.000<0.01$）、工作年限（$P=0.000<0.01$）等变量之间呈现出明显的负相关关系。与其从事职业（$P=0.015>0.01$）、就业单位性质（$P=0.100>0.01$）、就业身份（$P=0.015>0.01$）、住房性质（$P=0.015>0.01$）等变量没有通过显著性检验。

表 6-5　福建省城乡居民参加社会保障收入再分配提高比例与其他自变量矩阵

		性别	年龄	婚姻状况	家庭人口	文化程度	年收入
Spearman 的 rho（参加社会保障收入）	相关系数	-.115**	.104**	.097	-.089	-.121	-.098**
	Sig.（双侧）	.001	.000	.005	.000	.000	.000
Spearman 的 rho（参加社会养老保险）	相关系数	-.121**	.112**	.109	-.078	-.093	-.102**
	Sig.（双侧）	.001	.000	.005	.000	.000	.000

续表

		性别	年龄	婚姻状况	家庭人口	文化程度	年收入
Spearman 的 rho（获得社会救助）	相关系数	-.093**	.112**	.104	-.101	-.121	-.105**
	Sig.（双侧）	.001	.000	.005	.000	.000	.000
Spearman 的 rho（参加医疗保险收入）	相关系数	-.073**	.115**	.119	-.082	-.095	-.102**
	Sig.（双侧）	.001	.000	.005	.000	.000	.000
Spearman 的 rho（获得最低生活保障）	相关系数	-.095**	.113**	.118	-.105	-.121	-.102**
	Sig.（双侧）	.001	.000	.005	.000	.000	.000
**. 在置信度（双测）为 0.01 时，相关性是显著的。							

表 6-6　福建省城乡居民参加社会保障收入再分配提高比例与其他自变量矩阵表

		工作年限	户口性质	从事职业	就业单位性质	就业身份	住房性质
Spearman 的 rho（参加社会保障收入）	相关系数	-.108**	.089**	.113	-.098	-.109	-.093**
	Sig.（双侧）	.000	.000	.015	.100	.015	.015
Spearman 的 rho（参加社会养老保险）	相关系数	-.112**	.121**	.115	-.095	-.082	-.086**
	Sig.（双侧）	.000	.000	.015	.100	.015	.015
Spearman 的 rho（获得社会救助）	相关系数	-.095**	.115**	.116	-.108	-.109	-.095**
	Sig.（双侧）	.000	.000	.015	.100	.015	.015
Spearman 的 rho（参加医疗保险收入）	相关系数	-.095**	.112**	.116	-.102	-.103	-.087**
	Sig.（双侧）	.000	.000	.015	.100	.015	.015
Spearman 的 rho（获得最低生活保障）	相关系数	-.078**	.089**	.104	-.088	-.102	-.089**
	Sig.（双侧）	.000	.000	.015	.010	.015	.010
**. 在置信度（双测）为 0.01 时，相关性是显著的。							

以下基于福建省城乡居民参加社会保障收入再分配提高比例与其自变量的 Logistic Regression 模型的分析结果表明（表 6-7），年龄、婚姻状况、性别、家庭人口、文化程度、年收入、工作年限等变量都会对城乡居民参加社会保障收入再分配提高比例产生一定影响。城乡居民的年龄、婚姻状况等因素与其参加社会保障收入再分配提高比例呈现出正相关关系，年龄、婚姻状况等因素中，年龄越大的、婚姻状况不完整的城乡居民参加社会保障收入再分配提高的比例分别提高了 86.0%、68.0%。而城乡居民的性别、家庭人口、文化程度、年收入、工作年限与其参加社会保障收入再分配提高比例呈现出负相关关系。相对于男性来说，女性参加社会保障收入再分配提高比例的发生比率减少了 29.0%；相对于家庭人口少的来说，家庭人口多的参加社会保障收入再分配提高比例的发生比率减少了 66.0%。

表 6-7　福建省城乡居民参加社会保障收入再分配提高比例影响因素

自变量/因变量	回归系数	S. E	Wald x^2	显著性水平	R	发生比率 Exp（B）
年龄	1. 052	. 213	9. 127	. 001	. 321	2. 86
婚姻状况	0. 987	. 210	14. 067	. 000	. 089	2. 68
性别	−0. 342	. 321	−15. 219	. 000	−. 121	0. 71
家庭人口	−1. 078	. 095	−31. 225	. 000	−. 321	0. 34
文化程度	−0. 341	. 121	−8. 541	. 001	−. 098	0. 71
年收入	−1. 998	. 215	−23. 005	. 001	−. 156	0. 14
工作年限	−1. 231	. 268	−45. 541	. 000	−. 235	0. 29
常数项	. 341	. 215	−8. 002	. 000	–	–
注：N=600，−2LL=34. 09，x^2=12. 21，df=599，a=. 0000，预测正确率=78. 23%。						

第七章

社会保障调节收入再分配存在的主要问题及其原因

社会保障是社会向社会成员提供的基本生活保障，是国家为了确保社会公平正义和全体成员共享发展成果而做出的一种重要制度安排。社会保障对收入分配的综合性调节功能，同时体现在国内收入分配的初次分配、再分配和再再分配三个层次之上。① 中华人民共和国成立以来，我国在社会保障方面做出了巨大努力，成绩非常明显。计划经济时期，国家直接承担着统一制定各项社会保障政策、直接供款和组织实施有关社会保障事务的责任，城镇职工单位负责缴纳职工的劳动保险费用，农村集体则担负着救济“五保户”和优待烈军属等责任。② 改革开放新时期后，面对社会保障存在的新情况、新问题，国家非常重视社会保障的制度建设工作。1993 年 11 月，中共十四届三中全会《关于建立社会主义市场经济体制若干问题的决定》明确要求“建立多层次的社会保障体系”。党的十七大明确提出到 2020 年基本建立覆盖城乡居民社会保障体系的奋斗目标。党的十八大以来，完善社会保障调节收入再分配政策体系建设已成为以习近平总书记为核心的新一届中央领导集体作为关乎基本民生问题和国家长治久安的重

① 郑功成：《社会保障：调节收入分配的基本制度保障》，《中国党政干部论坛》2010 年第 6 期。

② 郑功成：《中国社会保障制度变迁与评估》，北京：中国人民大学出版社 2002 年版，第 5 页。

大制度性安排。党的十八大报告指出："社会保障是保障人民生活、调节社会分配的一项基本制度。"党的十八届三中全会《关于全面深化改革若干重大问题的决定》强调从完善基本养老保险制度、推进城乡最低生活保障制度统筹发展等几个方面"建立更加公平可持续的社会保障制度"。党的十九大强调从"完善城镇职工基本养老保险和城乡居民基本养老保险制度，尽快实现养老保险全国统筹；完善统一的城乡居民基本医疗保险制度和大病保险制度；完善失业、工伤保险制度；统筹城乡社会救助体系，完善最低生活保障制度；完善社会救助、社会福利、慈善事业、优抚安置等制度"等方面"加强社会保障体系建设"。

虽然，我国社会保障在提高国民收入、调节收入分配方面发挥了重要作用，但是，一段时期以来，我国收入分配差距持续扩大业已成为不争的事实，并成为社会各界普遍关注的热点问题。社会保障调节收入分配的作用不宜高估，在一些领域和一些地方，甚至出现了对收入分配的"逆向调节"作用①和累退效应②。目前的基本养老保险和医疗保险给中高收入阶层居民带来的好处在于给低收入居民带来的好处，反而扩大了收入差距；最低生活保障制度在贫困人口的基本生活方面发挥了一定的作用，但在收入分配调节方面的作用并不明显。

从总体上来说，我国社会保障在调节收入再分配方面存在的问题主要有以下几个方面。

第一节　社会保障政府财政责任不到位

一、社会保障政府财政责任概述

社会保障政府财政责任对于社会保障的健康运行和良性发展具有重要

---

① 王延中：《中国社会保障发展报告》（2012 年），北京：社会科学文献出版社 2012 年版，第 21 页。

② 香伶：《关于养老保险体制中再分配累退效应的几个问题》，《福建论坛》2007 年第 1 期。

意义。在社会保障发展史上，关于社会保障政府财政责任核心的理论争议主要有经济自由主义、国家干预主义和中间派道路三大流派。经济自由主义以亚当·斯密“无形的手”为理论基石，认为市场机制具有完善的自动均衡能力，一切生产要素及其价格都可以通过市场机制的自我调解完成均衡。国家干预主义主要强调自由市场机制的缺陷必须通过国家干预来弥补，表现在社会政策方面，国家必须负起“文明和福利”的职责，肯定政府在社会财富再分配中占有的重要地位。中间派道路反对集体主义，但不反对国家干预，主张对资本主义进行调节，为民众提供一定的社会福利。三大理论流派主要是围绕着政府与市场、公平与效率、权利与责任之间孰重孰轻所展开的争论；其本质是资本主义国家对经济、社会矛盾的回应与调整。特别地，经济自由主义坚持以“市场”为第一性，排除政府行为的影响就成了经济活动的前提条件，政府唯一要做的就是充当经济的“守夜人”。① 而相对于经济自由主义来说，国家干预主义不仅构筑了社会保障制度产生和发展的思想基础，而且强化了社会保障制度中的国家负责原则。② 而中间派道路强调个人责任和社会责任的协调，主张建立“无责任即无权利”的原则，是现实中公共选择的结果，使其理论在西方许多发达国家普遍得以实施。

经过一段时期的实践，社会保障的政府责任制度模式形成了有限政府模式、责任政府模式、政府包办模式和有限政府模式四种模式。有限政府模式是政府承担的责任种类和份额有明确界定的社会保障模式，这一模式强调权利和义务相结合及责任分担，在追求公平的同时也体现了效率原则，具有较强的可持续性。责任政府模式是指政府责任充分履行各种机制的集合，在具体实践中，政府是社会保障的当然责任主体，不仅承担着直接的财政责任，而且承担着实施、管理和监督社会保障的责任。政府包办模式是指政府承担全部社会保障责任的制度模式，这一模式以公有制经济为基础，与高度集中的计划经济体制相适应，由政府统一包揽并面向全体

① 徐丙奎：《西方社会保障三大理论流派述评》，《华东理工大学学报》2006 年 3 期。

② 孙光德、董克用主编：《社会保障概论》，北京：中国人民大学出版社 2012 年版，第 92 页。

国民，其强调国家负责，个人不承担直接义务。有限政府模式上在否定“全能政府”模式的基础上，承认政府责任必须是有限的，且需要其他责任主体的配合；其强调实际效果，采取权变策略，有一定的弹性或在一定范围内有伸缩性，天然地具有很强的适应性和可持续性。根据不同的标准，政府责任可以有不同的种类（表 7-1）。

表 7-1　社会保障政府责任的模式种类

划分标准	责任种类
责任种类及份额是否确定	有限责任
	无限责任
承担责任的具体内容	制度设计与规范责任
	财政责任
	监督责任
	实施责任
政府是否直接介入社会保障运行	直接责任
	间接责任
政府是否必然提供财政支持	主动责任
	被动责任

资料来源：孙光德、董克用主编：《社会保障概论》，北京：中国人民大学出版社 2012 年版，第 95 页。

科学界定政府在社会保障中的责任，一般遵循政府主导与责任分担，设计、监管与实施合理分离，财权与事权相统一，有限与有效以及官民结合等原则。根据分类、分项、分层和分级的四分法划分的政府在社会保障中的责任，其责任种类、责任界定、主要内容如表 7-2 所示。

表 7-2　社会保障中的政府责任框架体系

四分法	责任种类	责任界定	主要内容
分类	财政责任	基础核心	通过固定的财政机制，支持社会保障的多个项目支出和运行
	监管责任	突出强化	对社会保障的运行进行高效管理、有力监督
	实施责任	逐渐弱化	承担社会救助的实施责任，其他系统实施逐渐走向社会化
分项	社会救助	政府包办	承担全部财政、监管和实施责任
	社会保险	政府主导	承担监管责任、一定的财政补贴和实施责任
	社会福利	政府领衔	承担监管责任，强调官民结合、社会参与
	补充保障	支持引导	通过税收优惠间接提供财政支持
分层	社会保障	政府主导	承担财政支持、监管和实施
	单位保障	政府支持	通过税收优惠间接提供财政支持
	家庭保障	政府倡导	注意社会保障制度与家庭保障相配合
分级	中央政府	监管责任	承担管理、监督、指导责任，承担社会救助方面的财政支出
	地方政府	实施责任	承担执行实施责任及社会保险、社会福利予以补贴

资料来源：孙光德、董克用主编：《社会保障概论》，北京：中国人民大学出版社2012年版，第100-101页。

二、中国社会保障中政府责任问题

在社会主义计划经济时期，我国城乡居民的养老方式是不同的。城镇居民的养老主要通过其供职单位缴纳的劳动保险费用来实现；城乡居民则主要通过家庭养老、土地保障以及集体经济补偿等方式得以实现。这其中，家庭养老在城乡居民养老中发挥着重要作用，主要原因在于：由家庭成员共同承担责任的家庭养老方式对于老年人的生活照顾和精神慰藉都具

有重要的积极作用。[①] 改革开放新时期以来，随着我国外出流动人口的日益频繁，我国城乡居民家庭养老方式失去了基础性的人口支撑。如何将城乡居民的养老方式纳入社会养老保险制度框架之中成为发展方向。在这一背景下，1991 年 6 月民政部颁布了《县级农村社会养老保险基本方案（试行）》（为了和 2009 年 9 月国务院颁布的《关于开展新型农村社会养老保险试点的指导意见》区别开来，一般将其称为“老农保”）。该基本方案确定建立我国农村社会养老保险制度，其对于社会养老保险涉费项目的规定主要有以下三个方面：（1）以县级单位为社会养老保险基金筹措单位，实行个人、集体和国家三方共同负责的原则；（2）个人缴纳的养老保险费和集体补助全部记在个人名下，建立储备积累形式的养老保险基金；（3）符合一定条件的参保对象根据其个人账户的资金积累总额和当时的预期人口平均寿命领取社会养老保险待遇。该基本方案实施后，我国城乡居民的社会养老保险试点工作迅速开展起来。至 1999 年底，全国有 76.0%的乡（镇）开展了城乡居民社会养老保险的试点工作[②]；到 2007 年底，全国参加城乡居民社会养老保险的人数达到了 5 171 万人，该年领取了养老金待遇的人数为 392 万人，全年共支付养老金待遇 40 多亿元，年末城乡居民社会养老保险基金累计结存达到了 412 亿多元。[③] 但是，参保人数占全国乡村劳动力的绝对值和相对值都是比较低的（表 7-3）。表中数据可以发现，1993 年参加农民居民社会养老保险的人数为 4 4256 万人，占全国劳动力的比例为 11.30%；这之后，城乡居民参保人数虽有增长，但从总体上来说，城乡居民参保人数的相对数却呈现出下降的态势。至 2007 年，虽然参保人数到达了 72 750 万人，与 1993 年相比参保人数增长了 64.38%，但参保人数占全国劳动力的比例却下降到 7.11%，与 1993 年相比较，参保人

---

① 郑功成：《中国社会保障制度变迁与评估》，北京：中国人民大学出版社 2002 年，第 5 页。

② 劳动和社会保障部、国家统计局：《1999 年度劳动和社会保障事业发展统计公报》，http://finance./macro/jiuye/mcjs/200606/17/t20060617_ 7399996.shtml

③ 劳动和社会保障部、国家统计局：《2007 年度劳动和社会保障事业发展统计公报》，2008 年 11 月 9 日。

数相对值减少了4.19个百分点。特别地，这一时期参加城乡居民社会养老保险制度试点工作的主要是江苏、浙江等沿海沿江一带经济条件较好的城乡居民，经济条件较差的城乡居民参保人数及比例是非常低的。

表7-3　1993—2007年主要年份城乡居民社会养老保险投保人数变化

年份	农村参保人数/万人	全国乡村劳动力人口数/万人	参保人数占全国乡村劳动力比例/%
1993	5 000	44 256	11.30
1996	7 200	45 288	15.90
1997	8 200	45 962	17.84
1999	8 000	46 896.5	17.06
2000	6 172	47 962.1	12.87
2005	5 500	54 568.9	10.08
2007	5 171	72 750	7.11

资料来源：劳动和社会保障部、国家统计局历年“劳动和社会保障事业发展统计公报”网上数据。

之所以出现这一现象的主要原因在于“老农保”试点方案没有处理好城乡居民社会养老保险制度运行过程中的若干涉费项目，具体表现为该试点方案回避了制度运行过程中涉费项目的主体责任和财政责任。关于社会养老保险资金的筹集，该试点方案规定“以个人缴费为主、集体补助为辅、国家予以政策支持”。但是在其实际运作过程中，由于当时农村集体经济较弱，无力对城乡居民社会养老保险基金给予补助；而国家对城乡居民社会养老保险基金的支持主要体现在政策优惠层面（如在社会保险基金运营工作中免征或者少征增值税）。由于集体经济和国家财政层面在涉费项目中主体责任和财政责任的缺失，由此导致当时的域乡居民社会养老保险成为参保对象的个人银行储蓄，并由此影响了城乡居民的参保积极性等。[①] 特别地，那一时期农民居民可以用于缴纳社会养老保险的资金十分

① 李冬妍：《“新农保”制度：现状评析与政策建议》，《南京大学学报》2011年第1期。

有限，在银行储蓄率较低的情况下，“老农保”试点方案难以取得预期成效就在意料之中了。这可以从这一时期城乡居民参保人数的变动情况、领取社会养老保险待遇人数的变动情况以及养老保险基金期末滚存结余的变动情况表现出来（表 7-4）。表中数据显示，2008~1998 年，我国城乡居民参保人数呈现出逐年减少的态势，从 8 025 万人降为 5 595 万人，减幅达到了 30.28%。

表 7-4　1998—2008 年主要年份农村社会养老保险基本情况

年份	农村参保人数/万人	领取养老保险金的人数/万人	支付养老金/亿元	农保基金期末滚存结余/亿元
1998	8 025	—	5.4	166.2
2000	6 172	97.81	—	195.5
2002	5 462	—	—	233.3
2005	5 442	302.00	21.0	310.0
2008	5 595	512.00	56.8	499.0

资料来源：劳动和社会保障部、国家统计局历年“劳动和社会保障事业发展统计公报”网上数据。

另一方面，由于这一时期城乡居民社会养老保险采用的是完全积累型的个人账户（集体经济的补贴微乎其微，国家只是政策补充，没有实质上的财政补贴），参保个人能够拿到的养老金待遇与参保个人缴纳社保费的多少以及参保年限的长短有着直接关系。如果参保城乡居民一年缴纳社保费 100 元，对于 20 岁的城乡居民来说，到 60 岁时可以领到养老金待遇为每月 104 元，但对于 40 岁、59 岁的投保对象来说，到 60 岁时可以领到养老金待遇分别为 11 元、1 元。由此可见，“老农保”制度无法发挥保障老年人的社会养老保险的作用，不能有效解决农村社会养老保险的根本性问题。①

① 汪柱旺：《农村养老保险：供给主体与制度创新》，《当代财经》2006 年第 10 期。

三、中国社会保障中政府责任的完善

为了全面解决新时期我国城乡居民的社会养老保险问题，2009 年 9 月，国务院颁布了《关于开展新型农村社会养老保险试点的指导意见》［为了和 1991 年 6 月民政部颁布的《县级农村社会养老保险基本方案（试行）》区别开来，一般将其称为“新农保”］，由此建立中央确定基础养老金标准的新型的城乡居民社会养老保险制度。为了将没有参加城镇企业职工基本社会养老保险且年满 16 周岁的城镇非从业居民纳入社会养老保险制度框架中来，2011 年 6 月，国务院又颁布了《关于开展城镇居民社会养老保险试点的指导意见》（简称“城居保”）。到 2013 年底，我国“新农保”和“城居保”都按照预定计划完成了制度的覆盖面任务。[①] 国务院顺应形势要求，适应将这两项制度合并起来。2014 年 2 月，国务院《关于建立统一的城乡居民基本养老保险制度的意见》对城乡居民社会养老保险制度的基本原则、缴费方式、基金筹集、个人账户、养老金待遇及调整、领取条件等方面都做了明确的规定：（1）城乡居民社会养老保险资金筹集主要包括个人缴费、集体补助、政府补贴三个部分。参保个人缴费标准为每年 100~2 000 元等 12 个档次，各地区可以根据其实际情况增设缴费档次；地方政府对参保人缴费给予补贴；（2）政府对符合领取条件的参保人支付一定数量的基础养老金[②]（主要通过财政转移支付实现，见表 7-5）；（3）年满 60 周岁的城乡居民社会养老金待遇包括基础养老金和个人账户全部储存额的 1/139。和“老农保”制度相比，我国城乡居民养老保险制度中的“政府

---

① 2010 年新型农村社会养老保险制度试点覆盖面为 23%。由于新农保工作进展比较顺利，2011 年 6 月 20 日，国务院决定加快新农保试点进度，并提出了在 2013 年内基本实现新农保制度在全国全覆盖的目标。

② 该制度实施至 2014 年 7 月 1 日中央确定的基础养老金标准为 55 元/每人每月，之后为 70 元/每人每月，并强调随着社会经济的发展以及国家财政能力，适时进行调整。目前该标准为 88 元/每人每月。但相对于西方发达国家来说，这一水平还是比较低的。1960 年，美国、德国、英国、法国、瑞典和日本的社会保障水平（社会保障支出占国民生产总值的比例）分别为 10. 3%、20. 5%、13. 9%、13. 4%、12. 8%和 8. 8%（参见：United Nations，Statistics Yearbook，1965）。

补贴”措施受到了广大城乡居民的欢迎，从而大大加快了城乡居民养老保险制度的扩面进度。截至2011年底，全国共有27个省（区、市）的1 914个县（市、区、旗）程度不同地开展了试点工作，北京、江苏、宁夏、浙江、西藏等9个省（区、市）完成了制度的全覆盖工作；实际参保人数为32 643.5万人，参保率达到了95.18%。[①] 虽然城乡居民养老保险制度在实施过程中取得了很大的成绩，但由于存在中央确定的基础养老金以及参保城乡居民可以领取的养老保险金待遇都比较低等现实问题，今后一段时期内，要实现城乡居民社会养老保险进一步扩面工作，妥善处理好城乡居民社会养老保险的涉费项目具有重要意义。

表7-5　主要年份我国社会保障支出及水平估算

年份	社会保障支出/亿元	GDP/亿元	占GDP的比重/%
1980	136.4	4545.6	3.00
1985	327.4	9016.0	3.63
1990	937.9	18667.8	5.02
1998	2 330.8	84402	2.76
2001	4 487.3	109 655	4.09
2006	9 643.5	210 871	4.57
2010	21 975	397 983	5.52

资料来源：国家统计局人口和社会科技统计司编：《中国劳动统计年鉴》。

第二节　社会保障覆盖面不充分

我国逐步建立起广覆盖（涵盖国家公职人员、城镇企业职工、城乡居民）、多层次（基本养老保险、企业年金和商业寿险）、以社会统筹和个人

① 国家统计局：《中国统计年鉴》2012年，北京：中国统计出版社2012年，第567-569页。

账户相结合的部分积累制养老保险模式。国家统计局《2018 年国民经济和社会发展统计公报》（2019 年 2 月 28 日）数据显示①，截至 2018 年底，全国参加城镇职工基本养老保险人数 41 848 万人，参加城乡居民基本养老保险人数 52 392 万人，参加基本医疗保险人数 134 452 万人。其中，参加职工基本医疗保险人数 31 673 万人，参加城乡居民基本医疗保险人数 89 741 万人，参加失业保险人数 19 643 万人；年末全国领取失业保险金人数 223 万人，参加工伤保险人数 23 868 万人，其中参加工伤保险的农民工 8 085 万人，参加生育保险人数 20 435 万人；年末全国共有 1 008 万人享受城市居民最低生活保障，3 520 万人享受城乡居民最低生活保障，455 万人享受农村特困人员②救助供养，全年临时救助③ 1 075 万人次。全年资助 4 972 万人参加基本医疗保险，医疗救助 3 825 万人次。国家抚恤、补助退役军人和其他优抚对象 861 万人。虽然我国社会保障建设取得了较大的成绩，但是仍然还有相当大一部分群体未纳入社会保障体系之中，如城镇非公有制经济组织从业人员、个体工商户，以及灵活就业人员等。在养老保险方面，与城镇就业人员数量（2011 年底为 35 914 万人）和全部就业人员数（2011 年底全国就业人员为 76 420 万人）相比，还有大量的城乡居民和城乡就业人员没有纳入进来；在失业保险覆盖面方面，也只有 60%左右；工

---

① 和全国数据相比，2018 年福建省社会保障的数据相差不大。福建省统计局、国家统计局福建调查总队《2018 年国民经济和社会发展统计公报》（2019 年 2 月 25 日）数据显示，截至 2018 年底，福建年末参加城镇基本养老保险人数 1 074. 26 万人，其中参保职工 883. 66 万人，参保的离退休人员 190. 6 万人；福建省企业参加基本养老保险离退休人员为 1 44. 02 万人，全部实现养老金按时足额发放；福建省参加基本医疗保险人数 3 804. 72 万人，其中参保职工 853. 04 万人，参保的城乡居民 2 951. 68 万人；福建省参加失业保险人数 570. 27 万人。年末福建省领取失业保险金人数 5. 05 万人，福建省纳入城市最低生活保障的居民 6. 08 万人，纳入农村最低生活保障的居民 37. 81 万人，城乡特困人员 6. 97 万人；全年全省脱贫 0. 4 万人，“造福工程”搬迁 1. 6 万人。

② 农村特困人员是指无劳动能力，无生活来源，无法定赡养、抚养、扶养义务人或者其法定义务人无履行义务能力的农村老年人、残疾人以及未满 16 周岁的未成年人。

③ 临时救助是国家对遭遇突发事件、意外伤害、重大疾病或其他特殊原因导致基本生活陷入困境，其他社会救助制度暂时无法覆盖或救助之后基本生活暂时仍有严重困难的家庭或个人给予的应急性、过渡性的救助。

伤保险还没有将全部城镇就业人员纳入进来，生育保险制度的覆盖率也比较低。特别地，作为“既非传统意义上的城镇居民，亦非传统意义的城乡居民，是一个与农民和市民均不同质的”① 农民工群体，他们参加城镇职工养老、医疗、工伤、失业和生育保险比例更低。

一、农民工的特点

农民工一般是指跨地区外出的“进城务工的城乡居民”。它是在我国改革开放人口流动过程中所出现的一个特殊群体。地区性抽样及全国性调查数据显示：农民工群体主要以中青年为主体，男性人口比重较大；其学历层次较低、文化水平有限、技能单一；从业岗位主要集中在制造业、建筑业、服务业、批发零售业、宿餐饮业等；工资水平与工作时长不成正比。他们广泛分布在国民经济的各个行业，为城市繁荣、国家现代化建设做出了重大贡献。但是，从社会地位来看，他们却是一个生活在城市里的边缘群体，“既非传统意义上的城镇居民，亦非传统意义的城乡居民，是一个与农民和市民均不同质的群体。”关于农民工的数量，20 世纪 80 年代初期以 1000 万级计，80 年代中后期以 2000 万~3000 万级计，90 年代初期以 3000 万~4000 万级计，90 年代中后期以 5000 万~7000 万级计，2000 年后则以亿级计算。国家统计局《2018 年农民工监测调查报告》（国家统计局，2019 年 4 月 29 日）数据显示，2018 年全国农民工总量为 28 836 万人；在农民工总量中，在乡内就地就近就业的本地农民工 11 570 万人，到乡外就业的外出农民工 17 266 万人（在外出农民工中，进城农民工 13 506 万人）；在全部农民工中，男、女性占比分别为 65. 2%、34. 8%；婚姻结构情况为：未婚的占 17. 2%，有配偶的占 79. 7%，丧偶或离婚的占 3. 1%；学历结构情况为：未上过学的占 1. 2%，小学文化程度占 15. 5%，初中文化程度占 55. 8%，高中文化程度占 16. 6%，大专及以上占 10. 9%；从事第二产业、第三产业的农民工的比重分别 49. 1%、50. 5%。

---

① 李强：《城市农民工的失业与社会保障问题》，北京：《新视野》，2001 年第 5 期。

这里以2014年5月国家卫计委全国流动人口卫生计生动态监测广东省的调查数据①做具体说明。调查数据显示，广东省的农民工具有以下八个方面的特点：(1) 农民工年龄差距较大，青壮年劳动力居多。农民工平均年龄农民工年龄最小、最大值分别为15.60周岁，年龄均值、中值、众数分别为32.51、32.00和32.00周岁，四分位数分别为26.00、32.00和39.00周岁。(2) 农民工男女性别比例趋于平衡，两者只相差3.8个百分点。可能原因是：农民工居家外出的比例较大。(3) 农民工民族分布极不均衡，94.20%的为汉族人口，少数民族比例极低。(4) 农民工受教育程度较低，接受初中教育的比例超过了一半。(5) 农民工婚姻结构以初婚者为主，未婚者比例占1/4左右。(6) 农业户口占农民工的绝大多数；跨省流动多于本省内跨市流动和市内跨县流动。(7) 务工经商是农民工流动的主要原因。(8) 农民工在流入地工作时间平均不超过5年，农民工在流入地平均工作年限的均值、中值、众数分别为3.86、2.00和1.00年，四分位数分别为1.00、2.00和5.00年。调查对象子类型和百分比的基本情况如表7-6所示。

表7-6　广东省农民工调查对象基本情况

变量	子类型
性别	男（51.90%），女（48.10%）
民族	汉（94.20%），蒙（0.10%），满（0.10%），回（0.10%），藏（0.10%），壮（2.50%），苗（0.70%），彝（0.10%），土家（0.80%），布依（0.20%），侗（0.30%），瑶（0.40%），朝鲜（0.10%），白（0.10%），哈尼（0.10%），黎（0.10%）
受教育程度	未上过学（0.60%），小学（8.50%），初中（56.60%），高中（24.10%），大学专科（7.10%），大学本科（2.90%），研究生（0.20%）

① 本次调查样本按照多阶段抽样的方法抽取。调查对象为在广东省各地居住一个月及以上、非本区（县、市）户口的男性和女性流动人口。调查问卷共11 998份，其中潮州市120份、东莞市1 999份、佛山市2 000份、广州市2 000份、河源市120份、惠州市360份、江门市360份、茂名市80份、梅州市80份、清远市160份、汕头市120份、韶关市80份、深圳市2 000份、阳江市80份、云浮市80份、湛江市80份、肇庆市79份、中山市2 000份、珠海市200份。

续表

变量	子类型
户口性质	农业（88.00%），非农业（10.90%），农业转居民（0.90%），非农业转居民（0.20%）
婚姻状况	未婚（25.20%），初婚（72.80%），再婚（0.90%），离婚（0.80%），丧偶（0.20%）
现居住地	本地（100.00%），户籍地（0.00%），其他（0.00%）
流动范围	跨省流动（72.60%），省内跨市（25.40%），市内跨县（2.10%）
户籍地	河北（0.40%），山西（0.20%），内蒙古（0.10%），辽宁（0.20%），吉林（0.20%），黑龙江（0.30%），江苏（0.40%），浙江（0.70%），安徽（1.50%），福建（2.20%），江西（5.80%），山东（0.60%），河南（5.10%），湖北（6.80%），湖南（15.80%），广东（27.40%），广西（13.80%），海南（0.50%），重庆（2.60%），四川（8.70%），贵州（3.70%），云南（1.30%），陕西（1.20%），甘肃（0.30%），青海（0.20%），
本次流入原因	务工经商（94.00%），随同流动（4.80%），婚嫁（0.10%），拆迁（0.10%）投亲（0.50%），出生（0.10%），其他（0.50%）
本次流入时间、比例	0~4年（78.50%），5~9年（14.40%），10~14年（5.60%），15~19年（1.20%），20年及以上（0.30%）

从农民工职业分层结构来看（见表7-7），广东省农民工从事主要职业排在前3位的是分别生产（33.30%），其他生产、运输设备操作人员及有关人员（13.60%）和经商（15.60%），超过了半数（62.50%）；排在第4~6位的分别是专业技术人员（8.60%），餐饮（5.90%），其他生产、运输设备操作人员及有关人员（5.30%）。这六类职业总和占到了82.3%。从农民工就业单位所属行业来说，制造业所占比例达到了43.60%，排在第二、三、四位的分别是批发零售业（16.90%），居民服务、修理和其他服务业（10.10%），住宿餐饮（8.60%），这四类职业所占比例总计达到了79.2%。从农民工就业单位的性质来说，他们主要分布在私营企业（39.00%）、个体工商户（33.50%），这两类总计到达了72.50%。就业身份是反映农民工职业特征的重要指标。调查数据显示，广东省农民工就业

身份主要以雇员为主（69.30%），其次为自营劳动者（20.80%）。其工作地点所在区域排在第一位的是乡镇（41.90%），加上排在第三、四的农村（17.00%）、城乡接合部（11.70%），其工作地点所在区域在农村或者城乡接合部的比例总计达到了70.60%。这一区域主要是私营企业、个体工商户集中的区域。

表7-7　广东省农民工的职业分布情况

变量	子类型
主要职业	国家机关、党群组织、企事业单位负责人（0.50%），专业技术人员（8.60%），公务员、办事人员和有关人员（1.40%），经商（15.60%），商贩（3.50%），餐饮（5.90%），家政（0.30%），保洁（0.80%），保安（1.40%），装修（1.70%），其他商业、服务业人员（13.60%），农、林、牧、渔、水利业生产人员（1.40%），生产（33.30%），运输（1.90%），建筑（2.20%），其他生产、运输设备操作人员及有关人员（5.30%），无固定职业（1.50%），其他（1.00%）
就业单位所属行业	农林牧渔（1.50%），采矿（0.20%），制造（43.60%），电煤水热生产供应（0.30%），建筑（4.00%），批发零售（16.90%），交通运输、仓储和邮政（3.20%），住宿餐饮（8.60%），信息传输、软件和信息技术服务（3.50%），金融（0.60%），房地产（0.90%），租赁和商务服务（1.00%），科研和技术服务（1.10%），水利、环境和公共设施管理（0.20%），居民服务、修理和其他服务业（10.10%），教育（1.30%），卫生和社会工作（1.30%），文体和娱乐（0.80%），公共管理、社会保障和社会组织（0.80%）
就业单位性质	土地承包者（1.00%），机关、事业单位（1.30%），国有及国有控股企业（2.20%），集体企业（1.60%），个体工商户（33.50%），私营企业（39.00%），港澳台企业（9.70%），日/韩企业（1.10%），欧美企业（0.90%），中外合资企业（3.70%），其他（0.60%），无单位（5.50%）
就业身份	雇员（69.30%），雇主（8.40%），自营劳动者（20.80%），其他（1.50%）
工作地点所在区域	市区（27.30%），城乡接合部（11.70%），县城（2.00%），乡镇（41.90%），农村（17.00%），其他（0.10%）

从以上数据可以发现，广东省农民工主要集中在劳动密集型的制造业、批发零售、住宿餐饮行业等行业，属于劳动力就业市场的低端；而在科研和技术服务、党政机关和社会团体等较高领域行业工作的农民工比例非常低。其就业单位所属行业分布主要是在制造业、批发零售业、居民服务修理以及住宿餐饮业，这些行业对技术要求不高，属于技能型行业。由此，决定了农民工就业单位性质主要为私营企业、个体工商户，就业身份主要以雇员为主。这些都体现着与城镇企业职工在职业分布上非常不同的质性特征。

二、农民工参加社会养老保险情况

由于社会保险覆盖面有限，职业福利不具普遍性，政府、企业、劳动者之间的利益格局也不可能有效均衡，极大地削弱了社会保障对收入分配的正向调节作用。劳动者报酬不仅水平难以提升，而且不同群体之间的收入差距不缩反升，陷入隐性的背道而驰的困局。

针对农民工群体自身的特点，国家在不同时期制定了关于农民工社会养老保险的政策性法规和指导性文件。1994 年，《劳动法》明确规定建立包括农民工在内劳动者的“社会保险制度”。2000 年以来，随着我国城镇化、工业化迅速推进对劳动力的大量需求，进城务工农民工数量迅速增长。1993—2003 年，我国进城务工农民工数量从 7 000 万增加到 1. 4 亿（约占当年农村劳动力的 1/3）①，年平均增长率达到了 7. 17%。2015 年农民工总量为 2. 74 亿人，其中外出农民工为 1. 68 亿人。为了解决数量庞大农民工群体的社会养老保险问题，2001 年 12 月，劳动和社会保障部《关于完善城镇职工基本养老保险政策有关问题的通知》将农民工群体的社会养老保险纳入城镇企业职工社会养老保险制度体系之中，构建由用人单位和农民工共同缴费的“社会统筹+个人账户”相结合的社会养老保险模式。② 但是，由于存在农民工个人和供职单位缴费比例高（分别为个人收

① 段成荣：《改革开放以来我国流动人口变动的九大趋势》，《人口研究》2008 年第 6 期。

② 劳动和社会保障部：《关于完善城镇职工基本养老保险政策有关问题的通知》（2001 年 12 月）。

入的 8.0%、供职单位上年度职工月平均工资的 20.0%）、缴费年限长（不低于 15 年）以及养老保险手续转移接续难等问题，从而导致农民工的参保率比较低。此后，“探索适合务工农民特点的社会养老保险办法”成为其重要任务。经过一段时期的探索，2006 年国务院《关于解决农民工问题的若干意见》提出了“适合农民工特点的养老保险”的制度框架，即“低费率、广覆盖、可转移、可衔接”。2009 年人力资源和社会保障部《农民工参加基本养老保险办法》对此做了具体规定：（1）降低农民工个人和其供职单位的缴费比例：个人及单位缴费比例分别由 8.0%降为 4.0%～8.0%、20.0%降为 12.0%；（2）社会养老金待遇计发办法与城镇企业职工相同；（3）视不同情况对农民工养老保险关系转移接续办法做了明确的规定[①]。在此基础上，党的十八大及十八届三中全会对建立健全农民工社会养老保险模式进一步强调，提出要进一步完善农民工“社会保险关系转移接续政策，扩大参保缴费覆盖面，适时适当降低社会保险费率”。

根据养老金缴费及养老金待遇的不同情况进行分类，学者们将目前一些地区业已实行的农民工社会养老保险模式分为深圳模式、北京模式、上海模式和山西模式等。不同模式有着一定的差别。深圳模式的特点在于农民工因直接参加城镇企业职工养老保险而获得了“市民待遇”；北京模式实行缴费基数低、待遇水平低的“双低”标准，减轻了用人单位和农民工个人的负担；上海模式则实行其制度封闭运行、待遇偏低，且引入了商业化运作机制[②]；山西模式直接将农民工纳入城乡居民社会养老保险体系，但同时将其账户适当做大，形成“大账户、小统筹”的特色。[③]

根据社会养老保险制度覆盖范围和运作方式的差异，学者们则将目前

① 农民工养老保险关系转移接续办法主要有三种情况：（1）农民工离开就业地时，原则上不退保，由当地社保机构为其开具参保缴费凭证；（2）跨统筹地区就业并继续参保的，向新就业地社保机构出示参保缴费凭证，由两地社保机构负责为其办理基本养老保险关系转移接续手续，其养老保险权益累计计算；（3）未能继续参保的，由原就业地社保机构保留基本养老保险关系，暂时封存其权益记录和个人账户，封存期间其个人账户继续按国家规定计息。

② 夏波光、杨光润：《综保：搅动民工保障迷局》，《中国社会保障》2004 年第 3 期。

③ 刘晓雪：《积极探讨我国农民工养老保险制度》，《上海农村经济》2006 年第 8 期。

一些地区业已实行的将农民工社会养老保险模式分为扩面型、仿城型和综合型三类模式。[①] 这里从筹资方式、缴费比例以及养老金待遇领取三个方面对这三种模式的做比较（表 7-8）：(1)“扩面型”农民工社会养老保险模式是指通过逐步将农民工纳入城镇企业职工养老保险体系之中，扩大对农民工社会养老保险的覆盖面。该模式以广东、深圳、陕西、甘肃等地为代表。自 2001 年 2 月 1 日起开始实施的《深圳经济特区企业员工社会养老保险条例》规定：“非本市户籍员工”基本养老保险由用人单位（按员工个人缴费工资的 8.0%缴纳）和员工（按本人缴费工资的 5.0%缴纳）共同缴费，其中计入个人账户的比例为个人缴费工资的 11.0%（其中包括个人缴纳的 5.0%，另 6.0%为用人单位缴纳的）；实际累计缴费年限满 15 年的，可以按月领取由基础性养老金（退休时上年度本市城镇职工月平均工资的 20.0%）与个人账户养老金（退休时个人账户积累额的 1/120）；缴费年限未满 15 年的（或在退休前调出、辞工离开深圳特区），个人账户积累额全部转入当地社会保险机构或退还本人。(2)“仿城型”农民工社会养老保险模式则是指参照城镇企业职工社会养老保险制度的做法，为农民工设计了独立的养老保险制度。该模式以北京最为典型。自 2001 年 9 月 1 日起施行的《北京市农民工养老保险暂行办法》规定：农民工养老保险费由用人单位（缴费标准为上一年本市职工月最低工资标准的 19.0%）和农民工（以上一年本市职工月最低工资标准为基数，2001 年按 7.0%的比例缴纳养老保险费，并最终达到 8.0%）共同缴纳，其中计入农民工个人账户的比例为个人缴费工资的 11.0%。男、女分别年满 60 周岁、50 周岁的，可以领取基本养老金；农民工与用人单位终止、解除劳动关系后，其养老保险关系的转让接续按照再就业的不同情况进行办理。(3)“综合型”农民工社会养老保险模式是指将农民工的养老、工伤和医疗三险合一，综合办理。该模式以上海、成都最具代表性。自 2002 年 9 月 1 日起施行的《上海市外来从业人员综合保险暂行办法》规定：外来从业人员综合保险包括

① 杨翠迎：《农民工养老保险制度运作的困境及其理论诠释》，《浙江大学学报》2006 年第 5 期。

工伤、住院医疗和老年补贴三项；其费用由用人单位以及无单位的外来从业人员共同缴纳；其缴费基数为上年度全市职工月平均工资的 60.0%，费率为 12.5%（其中 5.0%为老年补贴，7.5%是大病住院医疗和工伤保险）；连续缴费满一年的可以获得一份老年补贴凭证，其额度为本人实际缴费基数的 5.0%。

表 7-8　扩面型、仿城型和综合型三类农民工社会养老保险模式的比较

	扩面型	仿城型	综合型
缴费主体	用人单位+农民工	用人单位+农民工	用人单位或者农民工
缴费比例	单位 8.0%+个人 5.0%	单位 19.0%+个人 8.0%	缴费基数 12.5%比例
个人账户比例	11.0%（个人 5.0%+单位 6.0%）	11.0%（个人 8.0%+单位 3.0%）	—
养老金待遇领取条件	到达退休年龄且实际累计缴费年限满 15 年	到达退休年龄且实际累计缴费年限满 15 年	男、女分别年满 60 周岁、50 周岁
养老金待遇构成	基础性养老金（上年度本市城镇职工月平均工资 20.0%）+个人账户养老金（个人账户积累额 1/120）	第一年缴费，发给 1 个月本市职工最低工资的平均数；从第二年开始，增发 0.1 个月本市职工最低工资平均数	连续缴费满一年的，可以获得一份老年补贴凭证，其额度为本人实际缴费基数的 5%
养老保险关系的转移接续	个人账户积累额全部转入当地社会保险机构或退还本人	重新就业的，接转缴费记录；回农村的，保留保险关系	—

总的说来，以上农民工社会养老保险的三种模式都遵循城镇企业职工社会养老保险制度的设计框架，即：农民工及用人单位共同缴费、实行“社会统筹+个人账户”相结合的形式；但其缴费水平和享受养老金待遇水平相对于城镇企业职工社会养老保险制度都要低一些，即实行“低门槛进入、低标准享受”。虽然这些地区的出发点是尽可能地将农民工纳入社会

养老保险体系之中，但另一方面，农民工参加社会养老保险情况远不如预期。地区性抽样及全国性调查数据显示：2008 年、2012 年，参加养老保险的农民工为 2 416 万人、4 543 万人，分别只占在城镇就业农民工的 17.0%、23.0%。2012 年，农民工参加社会养老保险率平均水平为 17.47%；北京农民工参保率稍高一些，也只有 28.54%。特别地，部分农民工因为养老保险关系转移续接困难等问题选择退保，2013 年仅江苏省就有 20.0%以上的农民工选择退保。

从以上关于农民工社会养老保险制度建设的政策性法规、指导性文件和各地的实践模式都可以看出，国家和地方政府都试图将农民工群体纳入城镇企业职工的社会养老保险制度框架之中，建立农民工个人和用人单位共同缴费、社会统筹和个人账户相结合的社会养老保险模式。但是，在实践过程中，由于忽视了农民工与城镇企业职工的异质性，其实施效果非常有限，主要表现为农民工参保率低（农民工参保人数比例低于 20.0%，远低于同年城镇职工 98.0%以上的参保率）、制度覆盖面窄。“人力资源和社会保障事业发展统计公报”数据显示，2010 年参加城镇职工基本养老保险的农民工人数为 3 284 万人，占该年全部农民工总数 2.4223 亿的 13.55%；2014 年，参加城镇职工基本养老保险的农民工人数为 5 472 万人，占该年全部农民工总数 2.7395 亿的 19.97%。特别地，农民工养老保险退保率居高不下，以率先实行农民工养老保险的广东省为例，部分地区退保率高达 95.0%以上。① 2013 年江苏省有 20.0%以上的农民工选择退保。② 这说明，将农民工群体纳入城镇企业职工社会养老保险制度框架的思路是行不通的。这要求我们对此进行认真检讨和分析，另辟蹊径构建农民工社会养老保险的制度类型。

从理论上来说，由于农民工主要从事劳动密集型工作，流动性较强、稳定性不高，工资收入也并为乐观。特别地，他们没有城市户口，年老以

---

① 郭瑜：《需求与现实：农民工养老保险参与程度的影响因素分析——基于 7 城市数据的考察》，《农业技术经济》2010 年第 11 期。

② 汤兆云：《建立相对独立类型的农民工社会养老保险制度》，《江苏社会科学》2016 年第 1 期。

后终究又要回到农村，因此参加社会养老保险对他们来说具有重要意义。但根据原国家人口计生委2014年流动人口动态监测调查福建省数据调查数据显示（表7-9），广东省农民工无论是参保率还是制度覆盖面都非常低。福建省农民工参加城镇职工基本养老保险的比例为27.90%（稍高于同年全国农民工19.97%的参保率），而没有参加的比例高达66.50%；参加城镇居民养老保险的比例为8.70%，而没有参加的比例为84.20%；参加城乡居民养老保险的比例为36.20%，而没有参加的比例为55.70%。无论是哪一种社会养老保险制度，农民工的参保率都非常低。这说明有相当比例的农民工游离于我国社会养老保险制度之外，成为我国社会养老保险体系的短板。

表7-9　广东省农民工参加社会养老保险情况

变量	子类型（百分比）
城镇职工养老保险	参加（27.90%），不参加（66.50%），不清楚（5.60%）
城镇居民养老保险	参加（8.70%），不参加（84.20%），不清楚（7.10%）
农民居民养老保险	参加（36.20%），不参加（55.70%），不清楚（8.10%）

进一步的分析发现（表7-10），农民工参加城镇职工基本养老保险情况与其性别、民族、受教育程度、婚姻状况、年龄和流入年限等变量之间具有显著性关系（$P<0.01$ 或 $P<0.05$）。农民工参加城镇职工养老保险情况与其性别、民族、婚姻状况和年龄等变量之间呈现出明显的正相关关系（相关关系分别为0.031、0.016、0.042、0.011），与其受教育程度和流入年限等变量之间呈现出明显的负相关关系（相关关系分别为-0.196、-0.051）。也就是说，农民工参加城镇职工基本养老保险的现实情况和他们的性别、民族、受教育程度、婚姻状况、年龄和流入年限等因素相关。这说明了将国家是将农民工群体纳入城镇职工社会养老保险模式是农民工参保率的主要原因。

表 7-10　广东省农民工参加城镇职工养老保险与其变量之间矩阵

			性别	民族	受教育程度	婚姻状况	年龄	流入年限
Spearman 的 rho	参加城镇职工养老保险	相关系数	.031**	.016	-.196**	.042**	.011	-.051**
		Sig.（双侧）	.001	.006	.000	.000	.000	.000
		N	11997	11997	11997	11997	11997	11997

**. 在置信度（双测）为 0.01 时，相关性是显著的；*. 在置信度（双测）为 0.05 时，相关性是显著的。

以下基于 Logistic Regression 模型的分析结果表明（表 7-4），性别、民族、受教育程度、婚姻状况、年龄、流入年限等自变量和单位行业、单位性质、就业身份等因变量对农民工参加城镇企业社会养老保险都会产生一定影响。性别、民族、婚姻状况、年龄等因素对农民工参加城镇企业社会养老保险发生正向作用，如男性比女性参加城镇企业社会养老保险的发生率增加了 1.36 倍；受教育程度、流入年限等因素对农民工参加城镇企业社会养老保险发生负向作用，如受教育程度高的比低的参加城镇企业社会养老保险的发生率减少了 29.0%；农民工的单位行业、单位性质、就业身份等变量对其参加城镇企业社会养老保险发生负向作用，如在国家机关、党群组织工作的农民工比在商贩行业工作的发生比率减少了 30.0%。

表 7-11　广东省农民工参加城镇企业社会养老保险影响因素

自变量/因变量	回归系数（B）	S. E	Wald x^2	显著性水平（a）	R	发生比率 Exp（B）
性别	0.308	0.457	0.45	0.001	0.205	1.36
民族	0.981	0.165	35.35	0.000	0.301	2.67
受教育程度	-0.348	0.278	1.57	0.000	-0.423	0.71
婚姻状况	0.025	0.189	0.02	0.000	0.221	1.03
年龄	0.345	0.308	1.25	0.001	0.287	1.41

续表

自变量/因变量	回归系数（B）	S. E	Wald x^2	显著性水平（a）	R	发生比率 Exp（B）
流入年限	−0. 582	0. 283	4. 23	0. 000	−0. 289	0. 56
单位行业	−0. 355	0. 659	0. 29	0. 000	−0. 285	0. 70
单位性质	−0. 568	0. 401	2. 01	0. 001	−0. 401	0. 57
就业身份	−0. 178	0. 386	0. 21	0. 000	−0. 398	0. 84
常数项	0. 89	0. 24	13. 75	0. 000	-	-
注：N = 11998，−2LL = 345. 89，x^2 = 45. 23，df = 1054，预测正确率 = 70. 03%						

第三节　社会保障存在着城乡行业和群体的差距

我国不同类型的社会养老保险制度是计划经济向市场经济发展的必然产物。在计划经济时期，我国实行的是以国家（通过中央政府以及地方各级政府）为主要责任主体、城乡单位担负共同责任并一起组织实施的较为完整的社会保障制度。在这种制度安排下，这一时期我国国家政府机关、事业单位人员的退休金制度以及城镇企业职工养老保险属于随收随付制，其养老金给付的财务模式属于确定给付制。而同一时期我国农村的社会养老保险是一片空白，虽然在农村地区实行了“五保制度”①，但严格意义上这属于社会救助制度的一部分。计划经济时期，我国城镇职工社会养老保险制度在强调公开权益、增进劳动者的福利以及解除广大城镇职工的养老后顾之忧等方面取得了一定的成绩。但是，因其存在严重的内在缺陷而不

① 关于“五保制度”，1956 年 1 月公布的《1956 年到 1967 年全国农业发展纲要（草案）》规定：农业生产合作社对于社内缺乏劳动力，生活无保障的鳏寡孤独的农户和残废军人，应当在生产商和生活上给以适当的安排，做到保吃、保穿、包烧（燃料）、保教（儿童和少年）。1962 年 9 月 27 日中央通过的《农村人民公社工作条例（草案）》规定：生产队对于生活没有依靠的老、弱、孤、寡、残疾的社员，遭到不幸事故、生活发生困难的社员，经过社员大会讨论和同意，实行供给或者给以补助。

具有可持续性，这种不可持续性不仅使这一制度难以为继，也拖垮了国有企业，最终成为国家的沉重负担。①

20世纪90年代以来，随着经济改革以及经济形势发生的深刻变化，城镇职工基本养老保险制度面临着许多难题。为了建立与社会主义市场经济相适应的社会养老保险制度，1995年国务院在发出的《关于深化企业职业养老保险制度改革的通知》中确立了“社会统筹+个人账户”的养老保险新模式。在这一模式下，企业与职工均按照一定的比例承担缴纳养老保险费的义务，其缴费被分解成两个部分，分别记入社会保险经办机构的统筹基金账户和归职工所有的个人账户，职工的退休待遇则包括来源于社会统筹部分的养老金与个人账户上的积累总额。我国城镇职工社会养老保险制度在其运行过程中，逐渐表现出以下几个方面的问题：（1）养老保险费率较高，企业和职工负担较重；（2）企业拖欠、逃避缴费现象普遍，扩大养老保险覆盖面举步维艰；（3）个人账户“空账”规模越来越大，部分积累制名存实亡；（4）不同地区的养老保险缴费标准不统一。②

而同一时期，我国国家政府机关、事业单位人员的养老保险制度却没有同步进行改革，仍然实行随收随付制，其财务模式属于确定给付制。其理由主要是：公务员受雇于政府，政府是雇主，公务员是受雇者，可以与企业员工的养老保险制度有所不同。③ 因此，严格意义上来说，我国公务员退休金制度实际上并不是社会保险，而是单位保险或者说是一种国家保障。随着工资福利刚性特点的日益凸显，再加上公务员人数和给付标准的不断提高，在国家财政负担日益加重的同时，与城镇职工养老保险金的差距也越来越大。④ 1990年，我国企业、事业和机关的年人均离退休费分别为1 664元、1 889元和2 006元，到2005年，分别为8 803元、16 425元

---

① 郑功成：《社会保障研究》，北京：中国劳动社会保障出版社2008年版，第84-86页。

② 汤兆云：《人口老龄化对农村养老保险制度的影响及其政策建议》，《西北人口》2013年第2期。

③ 付钢：《公务员养老保险制度改革探析》，《中南财经政法大学学报》2010年第2期。

④ 许凌：《我国公务员养老保险改革研究——基于公务员和企业职工养老保险并轨制的视角》，《赤峰学院学报》2012年第8期。

和 18 410 元，事业单位的年人均离退休费是企业的近两倍，机关的则更高于企业。①

为了解决有固定劳动关系、在城镇就业的农民工的社会养老保险问题，国务院在 2006 年发布的《关于解决农民工问题的若干意见》中要求：针对农民工的劳动就业特点，按照低费率、广覆盖、可转移和能衔接的要求，用人单位和农民工个人共同缴纳基本养老保险费；农民工离开就业地时，可以转移接续；参加基本养老保险缴费年限累计满 15 年以上（含 15 年），符合待遇领取条件后，可以领取包括基础养老金和个人账户养老金在内的养老保险金。但是，农民工社会养老保险制度存在着不少的问题：（1）用人单位和农民工的缴费比例高、负担重；（2）保险基金转移和接续手续复杂；（3）个人账户比例偏低；（4）养老金缴费及收益年限长。②

同一时期，我国农村的社会养老保险制度在经过了 20 世纪 80 年代的试点、1991—1998 年的探索、1998—2009 年的整顿与恢复之后，取得了重要进展。2009 年国务院颁布了《关于开展新型农村社会养老保险试点的指导意见》（简称“新农保”），确立了“个人缴费、集体补助、政府补贴”相结合的新型农村社会养老保险模式。2011 年，国务院发布了《关于开展城镇居民社会养老保险试点的指导意见》，对城镇无养老保障居民的社会养老保险制度进行了设计。“新农保”和城镇居民社会养老保险的内容基本相同，主要有：按照“保基本、广覆盖、有弹性、可持续”原则，建立个人缴费、政府补贴相结合、实行社会统筹和个人账户相结合的社会养老保险制度；养老金待遇由基础养老金（中央确定的基础养老金标准为每人每月 55 元）和个人账户养老金（个人账户全部储存额/139）构成，支付终身。城镇居民和城乡居民的社会养老保险制度存在的问题主要有：（1）基础养老金给付标准过低；（2）“捆绑式”缴费阻碍了城乡居民参保

---

① 龙玉其：公务员养老保险制度国际比较研究，北京：社会科学文献出版社 2012 年，第 235 页。

② 邓大松等：《困境与选择——对我国农民工养老保险制度的反思与构建》，《学术交流》2008 年第 1 期。

积极性；（3）养老金待遇的收益年限长；（4）保险基金管理存在着一定风险。①

由此，我国逐渐建立并形成了多层次的“社会统筹+个人账户”相结合的社会养老保险制度，主要有城镇职工社会养老保险制度、有固定劳动关系农民工社会养老保险制度、城镇居民社会养老保险制度、城乡居民的社会养老保险制度四种类型。从制度上来说属于储金制，财务模式属于确定提拨制。如果将国家政府机关、事业单位人员的退休金制度包括在内，目前我国社会养老金制度有六种类型。

从以上我们可以看出，城镇职工社会老养保险制度等四类和国家政府机关人员的养老金制度等两类，它们在制度类型、养老金给付的财务模式分属于不同的类型。因此，我国社会养老保险制度表现为“双轨制”的特点②，即：国家政府机关、事业单位退休人员实行由国家财政统一支付的退休养老金制度；而城镇企业职工、农民工群体、城镇居民、城乡居民则实行由“个人缴费、政府补贴”的“社会统筹+个人账户”相结合的社会养老保险制度。具体表现在以下四个方面：（1）统筹方式不同，前者由财政统一拨款，后者由单位和职工本人按一定标准缴纳。（2）支付渠道不同，前者由财政统一支付，后者由自筹账户支付。（3）计算方式不同，前者以退休时的最高工资为基数；而后者则以职业生涯中平均工资水平为基数。（4）支付标准不同，前者退休所得的替代率③可达到90.0%以上，而后者只有40.0%甚至更低。因此，养老金“双轨制”使得我国两类社会保

① 邓大松等：《改革开放30年：中国社会保障制度改革回顾、评估与展望》，北京：中国社会科学出版社2009年版，第35-38页。

② 我国养老保险制度的设计遵循“分类施保”的指导思想和技术思路。但由于在身份分类和成员资格确定的标准上的多重性，并在此标准上建立各自的政策制度，再加上各种制度之间边界模糊，难以对接，导致我国养老保险制度陷入“碎片化”的发展困境。

③ 养老金替代率是指劳动者退休时的养老金领取水平与退休前工资收入水平之间的比率，其计算公式为：养老金替代率=某年度新退休人员的平均养老金/同一年度在职职工的平均工资收入×100%。它是衡量劳动者退休前后生活保障水平差异的基本指标之一。经验数据显示，退休后养老金替代率大于70.0%，即可维持退休前现有的生活水平，如果达到60.0%~70.0%，即可维持基本生活水平；如果低于50.0%，则生活水平较退休前会有大幅下降。

险收入的差距越来越大。《中国社会保障发展报告 2012 年：社会保障与收入再分配》数据显示：我国不同养老保险制度的养老金最低 200 元，最高 10 000 元，最高相差近 50 倍；城乡及城市内部之间，各种社保之间的差距非常巨大。例如城市职工养老保险，个人需要交纳职工月均工资的 8.0%（企业缴纳 20.0%），累计缴纳 15 年才可以领取基本养老金。机关和事业单位人员，在职时个人不缴纳养老保险费，工作退休后直接领取退休金。①

在劳动者中，存在着有社会保险与无社会保险者的收益差异；在已纳入社会保险的劳动者群体中，存在着公务员、事业单位工作人员与企业职工等的待遇差距；在企业职工中，存在着垄断行业与一般性竞争行业的职业福利（如住房公积金、企业年金等）差异；在城乡居民中，存在着社会保障项目多寡与水平高低等差异；在不同地区之间，存在着社会保障缴费率和待遇的差距等。这些差距都在不同程度上影响着劳动者的初次分配，而且这些影响往往是隐性的。

---

① 王延中：《中国社会保障发展报告 2012 年·社会保障与收入再分配》，北京：社会科学文献出版社 2012 年版，第 58-61 页。

第八章

充分发挥社会保障调节收入再分配作用的建议

第一节 进一步完善社会保障制度的顶层设计

经过多年努力，我国城乡统筹发展中的社会养老保险制度建立卓有成效，主要表现为：包括城镇企业职工、城乡居民和国家公职人员在内的各类人员的城乡基本社会养老保险制度已基本建立，并实现了基本社会养老保险实现制度的全覆盖；社会养老金待遇逐年提高，成为各类参保人员退出劳动年龄后重要的生活来源；社会养老保险基金规模不断扩大，成为社会养老制度可持续发展的重要基础性条件。但是，由于我国各类人员社会养老保险制度的设计遵循“分类施保”的指导思想和技术思路，在身份分类和成员资格确定标准上存在着多重性，并在此标准上建立各自的政策制度，再加上各种制度之间边界模糊，难以对接，导致我国社会养老保险制度陷入“碎片化”的发展困境，并由此对我国社会养老保险制度的公平性、流动性和可持续性造成了一定的影响：（1）公平性问题。由于我国社

会养老保险制度建设采取分职业、分地区渐次推进的自愿参保方式，目前还有相当部分的灵活就业人员（主要是包括部分非公经济组织员工、城镇灵活就业人员、农民工以及部分城乡居民）游离于社会养老保险制度之外；另外，由于各地财政承受能力和基金结余分布不均，且统筹层次仍偏低，社会养老保险互济功能发挥不够，导致地区之间待遇差别较大。（2）流动性问题。由于不同地区缴费基数和比例各各不同，灵活就业人员的社会养老保险关系跨地区、跨制度的转移接续面临着现实的难题，这成为一部分人群不愿参保、脱保和弃保的重要原因。（3）可持续性问题。一段时期以来社会养老保险基金筹资渠道偏窄、缴费比例偏高、养老抚养比持续增高等问题在相当程度上影响了社会养老保险制度的可持续性发展。

社会保障是保障人民生活、调节社会分配的一项基本制度。因此，在城乡统筹发展中的社会养老保险制度建设过程中，进一步做好社会养老保险制度的顶层设计具有重要意义。科学合理的社会保障制度设计，有利于促进居民收入再分配，缩小收入差距；反之，则可能逆向调节收入分配，进一步扩大收入差距。社会保障的筹资机制、补偿机制、融合性与便携性等方面都可能不同程度地影响其收入再分配作用。① 因此，要“高度重视统筹考虑保障与改善民生的制度体系与政策措施，并在国家层面进行顶层设计”②。在此过程中，要着重解决以下几个方面的问题：（1）城乡不同地区人群的养老保险金待遇差别问题。允许不同地区、各类人员的社会养老保险金待遇有一定的差别，但考虑到社会养老保险的公平性原则，这一差别应控制在一定的范围内。（2）灵活就业人员的参保问题。根据灵活就业人员存在着流动性强、经济收入不高以及市民化将是长期化的特点，建立符合灵活就业人员自身特点的、相对独立类型的灵活就业人员社会养老保险制度是一个重要选项。（3）城乡居民养老保险金待遇调整机制问题。在国家出台的各类关于人员社会养老保险制度的规定中，都有“根据经济发展和物价变动等情况，建立基础养老金最低标准正常调整机制”方面的规

① 龙玉其：《社会保障收入再分配作用的理论思辨》，《理论月刊》2013 年第 11 期。

② 郑功成：《国家发展的核心使命：保障和改善民生》，《行政管理改革》2011 年第 9 期。

定，但国家规定的70元/月的城乡居民基础养老金①，相对于物价及消费水平来说，是比较低的。因此，要进一步加大国家财政补贴力度，尽可能地提高基础养老金给付标准，使城乡居民基础养老金替代率保持在一个合适的水平；并综合考虑农民居民和城镇居民的年龄、地域以及身体状况等的实际情况，其待遇计发年限灵活处理。（4）在目前业已初步建立、健全“三支柱”社会养老保险体系的基础上，如何进一步借鉴世界银行养老保险“五支柱”模式，建立健全多支柱的社会养老保险模式，对于进一步完善城乡统筹发展中的社会养老保险制度建设具有特别重要的意义。（5）建立“国民养老金制度”问题。这一方面可以借鉴欧盟“累计计算”“分别支付”“最后接管”的成熟做法，建立国民养老金“一卡通”，卡随人走，费随人缴，改“一地”累计15年（或更长时间）为“一卡”累计15年（或更长时间）。这样既充分考虑到了各类、各地区人员社会养老保险制度的实际情况，又能够兼容各种差别并实现在全国范围内的转移接续问题。在此基础上，将“国民养老金制度”和“医疗、失业、工伤、生育等保险制度以及救济、福利、优抚安置等保障制度”进行整合，适时建立“国民社会保障制度”。

对产生于不同历史条件下形成的我国各类人员社会养老保险制度进行改革，建立统筹推进城乡社会保险体系建设和更加公平可持续的社会保障制度是顺应社会发展大势。但是在改革过程中，要理顺以下几个方面的问题：（1）降低退休所得的替代率问题。按照世界银行老年经济安全三个支柱理论，三个支柱的经济收入分别占30.0%、30.0%和40.0%的比例。因此，可按照这一比例进行总体规划。（2）退休收入“就高”还是“就低”

---

① 2014年2月21日，国务院《关于建立统一的城乡居民基本养老保险制度的意见》（国发〔2014〕8号）规定：国家规定的城乡居民基础养老金标准为55元/人月，并同时规定“中央确定基础养老金最低标准，建立基础养老金最低标准正常调整机制，根据经济发展和物价变动等情况，适时调整全国基础养老金最低标准”。2015年增加到70元/人月。自2018年1月1日起，全国城乡居民基本养老保险基础养老金最低标准提高至每人每月88元。

问题。这也是社会保障水平①问题，其受到经济规模与发展水平、政治社会结构、制度年龄和人口结构、历史人文等特殊因素影响。在多种因素的共同作用下，社会保障水平表现出动态性（随着经济发展、人口结构变化和制度变化而变化）、刚性（具有刚性增长的特征，即缺乏弹性或才只具有单向度的弹性，表现为社会保障规模只能扩大不能缩小）和“适度区域”（“适度区域”是指过高或者过低的社会保障水平，都不利于社会保障制度的自身运行和经济发展）等特征。目前，政府机关、事业单位人员的养老金普遍要高于企业职工以及城镇、城乡居民的养老保险金。在改革过程中，就存在着退休收入“就高”还是“就低”问题。从心理上来说，如果“就低”就会产生抵触情绪；但如果一味就高，国家财政又不堪重负。因此，找到一个合适的平衡点，可以减轻改革阻力。(3) 允许各类人员的社会养老金有一定的差别。由于学历学位、身份、职业、职位以及工作地区不同，可以允许不同地区、各类人员的社会养老金有一定的差别。只有这样，才能形成鼓励出现更多更优秀劳动者的社会氛围。(4) 在这场改革过程中，顶层设计具有特别重要意义。(5) 这场改革涉及各方面的复杂关系，牵一发而动全身，因此要在党的组织领导下，循序渐进，有计划、有目的、有步骤地进行；但同时也需要有清晰的改革时间表，不能无限期地拖延下去。

进一步完善社会养老保险的制度框架，可以从以下几个方面着手。

第一，扩大城镇职工社会养老保险制度的覆盖面。由于城镇职工社会养老保险制度的覆盖范围存在着较大的扩面空间，一段时期以来，福建省采取多种措施，扩大养老保险净增人数以及覆盖人群。例如，凡经工商部门依法设立和登记注册的各类企业、城镇个体工商户都要按照规定纳入企业职工基本养老保险覆盖范围，以非公有制企业、城镇个体工商户以及灵活就业人员为重点参保对象。通过艰苦工作，扩大了城镇职工基本养老保

① 社会保障水平是指在特定时期一国或者地区社会成员享受社会保障待遇的高低程度，其计算公式＝社会保障支出总额/国内生产总值×100%。

险覆盖范围，参保率提高了15.0个百分点。2008~2010年福建省城镇企业职工养老保险期末参加基本养老保险职工人数分别为401.49万人、423.27万人、466.88万人和518.57万人。[①] 另外，为了进一步提高其覆盖面，福建省有关部门正在积极尝试将新农保和新城保中难以覆盖的下岗职工、城镇中有稳定劳动关系的农民工纳入城镇职工社会养老保险制度之中。如果这一方面能够实现全覆盖，那么，福建省城镇职工社会养老保险制度的覆盖率会提高一倍以上。在实际工作的推进过程中，福建省充分考虑到了这部分人群缴费的承受能力，并在多方面进行政策倾斜。从2006年1月1日起，将城镇个体工商户、下岗职工、灵活就业人员以及城镇中有稳定劳动关系的农民工的个人账户规模统一由本人缴费工资的11.0%调整为8.0%，全部由个人缴费组成，单位缴费不再划入个人账户。同时，城镇个体工商户、灵活就业人员参加企业职工基本养老保险的人员男、女年龄分别达到满60周岁、55周岁，且累计缴费年限满15年以上的参保人员，就可以按照相关规定办理手续，享受按月领取基本养老保险金。

第二，依法做好养老保险费的征缴工作，努力做到应收尽收、应保尽保。养老保险基金包括社会统筹和个人账户两部分。只有做好养老保险费的征缴工作，才能保证养老保险制度的正常运行。一段时期以来，福建省全面落实《社会保险费征缴暂行条例》中关于养老保险费征缴工作的各项规定，严格执行社会保险登记和缴费申报制度，强化社会保险稽核和劳动保障监察执法工作，努力提高征缴率，城镇职工基本养老保险费的征缴率达到90.0%以上，基本上完成社会保险全覆盖的目标任务，参保率提高了15.0个百分点。2008~2010年福建省城镇企业职工养老保险基本养老保险基金收入分别为128.08、141.43、149.55和188.93亿元，同期基本养老保险基金累计结余分别为122.92、146.86、104.63和133.00亿元。[②]

第三，将城镇职工社会养老保险基金统筹级次提高到省级层面，增强了养老保险基金的社会互济功能。由于历史原因，福建省和全国其他地区

① 福建省统计局：《福建省统计年鉴2012年》，北京：中国统计出版社2012年版，第576、579页。

② 福建省统计局：《福建省统计年鉴2012年》，北京：中国统计出版社2012年版，第576、579页。

一样，早期的镇职工社会养老保险基金统筹级次较低，且各地市基金统筹面差别较大。为了增强养老保险基金的社会互济功能，福建省采取实行统一制度、统一标准、统一管理、统一调剂的管理方式，经过努力，较早地实现了城镇职工社会养老保险基金统筹的省级层面，实行集中管理，有效规避了养老保险基金被挪用或因提高养老保险待遇的发放水平被挤占情况的出现。福建省城镇职工社会养老保险基金是全国为数不多、最早实现省级统筹的省份之一，从而实现了多年来保持企业离退休人员养老金按时、足额、100%社会化发放的要求。2005 年为全省统筹企业离退休人员按时足额发放养老金的人数已达到 71 万。这为最终提升为全国统筹奠定了坚实基础。

第四，推进养老保险基金信息管理系统建设，为基金管理和监督提供有力的技术支撑，提升管理水平。福建省养老保险基金“金保工程”① 涵盖了社会保障以及人力资源部门属下的就业和社会保险业务，实现了与民政、地税、卫生、财政等相关部门的数据交换，为部门间资源共享提供公共信息平台。例如，金保工程与财政部门数据共享，可以将领取养老金人员情况与财政供养人员情况进行比对，防止重领情况的出现；与地税部门数据共享，可以实现参保缴费明细申报和个人账户按月记账同步进行；与公安、民政部门数据共享，建立养老金人员的认证数据库，防止冒领情况的出现。与此同时，金保工程还能够按月份生成全省分地（市）、分险种的参保数据、缴费数据和支付数据，实时查询个人以及不同单位的参保缴费情况；并根据养老保险金收支情况未来三年进行滚动预测，使主管部门根据预测结果，研究相应的政策建议和措施。同时，从 2013 年福建省又成为全国社保基金进行社会监督的 6 个试点省份之一，对涉及社保基金的征缴、支付、管理、服务和投资运营等单位和个人进行全程监督。

第五，完善城镇职工基本养老保险制度及相关政策法规。由于受到制

① “金保工程”是指利用先进的信息技术，以中央、省、市三级网络为依托，涵盖县、乡等基层机构，支持劳动和社会保障业务经办、公共服务、基金监管和宏观决策等核心应用，覆盖全国的统一的劳动和社会保障电子政务工程。

度设计以及社会经济发展条件等方面的制约，目前及未来一段时期内，福建省城镇职工基本养老保险制度在以下几个方面仍然有待继续完善和优化，以实现城镇职工社会养老保险制度的可持续发展。(1) 积极探索可控风险的投资渠道，增强社会养老保险基金保值增值的能力。目前福建省社会养老保险基金绝大部分可归属于政府集中运营的管理模式。在目前投资渠道多元化的背景下，可适当扩大基金投资运营的领域和范围，提高社会养老保险投资的回报率。由于购买股票的回报率比较大，国外很多国家将养老基金的40.0%用于购买股票，并获得较高的回报率。但是，股票市场存在着一定的风险性，这就要求投资者谨慎用事，小心操作，以实现养老保险基金的收益。(2) 调整各级财政的支出结构并加大财政投入力度，提高社会保险基金在财政支出中的比例。社会化养老的主体是社会，而社会的代表者和管理者是政府。这就要求各级政府进一步加大社保基金的财政投入力度，稳定社保基金财政投入占财政总支出的比例，承担养老保险转制成本，为筹资模式转换创造条件。(3) 逐步规范和提高退休年龄，降低老年人口赡养率，减轻养老金发放的压力。目前在西方发达国家中，规定退休年龄为67周岁、65周岁、60周岁和55周岁的分别占17.0%、67.0%、13.0%和3.0%；而我国一直沿用20世纪50年代中期国家确定的国家机关和事业单位人员男女人员各为60周岁、55周岁的退休年龄。随着人们生活水平的提高和医疗设施的改善，60周岁左右及以上老年人的身体条件和健康状况一般都能够胜任工作。因此，在制定全国性提高退休年龄的法律尚未成熟之前，福建省可以考虑出台地方性规章制度，根据工作性质、人口平均预期寿命以及身体情况适当提高退休年龄，在全国进行先行先试。(4) 探索城镇职工社会养老保险金的合适替代率①问题。从2005

---

① 养老金替代率是指劳动者退休时的养老金领取水平与退休前工资收入水平之间的比率，其计算公式为：养老金替代率=某年度新退休人员的平均养老金/同一年度在职职工的平均工资收入×100%。它是衡量劳动者退休前后生活保障水平差异的基本指标之一。经验数据显示，退休后养老金替代率大于70%，即可维持退休前现有的生活水平，如果达到60%~70%，即可维持基本生活水平；如果低于50%，则生活水平较退休前会有大幅下降。

年—2011年，虽然福建省企业职工养老金连续数年上涨，但退休生活水平并未有显著提升，这是因为企业养老金替代率比较低的缘故。2009年、2011年全国企业养老金替代率仅为47.34%、42.9%，远低于制度预期的58.50%①；福建省的情况差不多。作为东部沿海经济较为发达的省份之一，福建省应进一步提高企业养老金增长幅度，使养老金替代率维持在一个合适的水平上，保障退休职工的现有的生活水平；在可能的情况下推行企业年金制度，通过此种补充保险方式增加企业养老金的替代率。

第二节　妥善处理社会保障的涉费责任和财政责任

作为社会保险中涉及面最为广泛的养老保险，由于在社会养老保险中受保人享受保险待遇的时间长，待遇给予的标准相对较高，且随着老年人口的增多，投入的资金也会越来越多，所需经费十分庞大。因此，在社会养老保险制度建设过程中，政府必须承担相应的财政投入责任。从国际经验来看，在目前已经建立农村社会养老保险制度的国家和地区，尽管补贴标准不同，但政府一般都会对农村社会养老保险予以相应补贴。一段时期以来，德国、西班牙、意大利、美国和英国等部分发达国家养老金支出占GDP比重都超过10.0%。相对来说，我国政府对于农村社会养老保险所承担的财政责任十分有限。2000年，我国社会保障和福利占GDP的比重仅为3.0%；2000年、2003年，我国国家养老金支出占GDP比重分别只有0.003 5%、0.007 2%。这个比例不仅远低于发达国家，甚至还低于一些发展中国家。相关测算结果表明，2012年中央财政对参保城乡居民的基础养老金补助数额为303.70亿元，占该年中央财政支出比例为1.61%（该年中央财政总支出为18 764.60亿元②）。该年，各省（自治区、直辖市）地方财政对“新农保”参保城乡居民的基础养老金补助最低限额为230.88

① 魏文彪：《须高度警惕企业养老金替代率下降》，《证券时报》2012年9月17日。

② 国家统计局编：《中国统计年鉴2013年》，中国统计出版社2013年版，第4-5页。

亿元，占该年地方财政总收入的0.38%（该年地方财政总收入为61 078.30亿元①）。就地区来说，东部地区及中西部地区地方财政对参保城乡居民的补贴比例不尽相同。东部11省区地方财政对参保城乡居民的补贴比例为0.41%；中西部20省区地方财政的补贴比例为0.33%。特别地，由于农村人口比重及财政收入不同，各省（区、市）地方财政对参保城乡居民的补贴比例也相差较大。如中西部地区的内蒙古区、陕西省只有0.14%，河北省、甘肃省却分别为1.27%、1.76%。

目前及今后相当长的时期内，要进一步推进和扩大城乡居民社会养老保险制度全覆盖、区域全覆盖、保障人群全覆盖，实现城乡居民社会养老保险制度的良性健康发展，政府承担应有的财政责任显得越来越重要。

一、进一步加大中央财政对参保城乡居民基础养老金待遇的投入力度

按照相关规定：中央财政对符合领取养老保险金待遇条件的城乡居民支付基础养老金的标准为每人每月55元（对中西部地区按中央确定的基础养老金标准每人每月55元给予全额补助，对东部地区给予50%的补助）。这个标准是否合理，主要考虑中央一级财政的承受能力。2008年、2012年，中央财政补贴参保城乡居民基础养老金数额占中央财政支出的比重分别为1.64%、1.61%。与世界上其他发达国家相比较，我国社会保障和福利投入占GDP的比重是比较低的。1994—2002年，美国、法国、俄罗斯、波兰、巴西等国社会保障和福利占GDP的比重分别为5.4%、16.5%、9.5%、17.4%、12.7%；1960年，美国、德国、英国、法国、瑞典和日本的社会保障水平（社会保障支出占国民生产总值的比例）分别为10.3%、20.5%、13.9%、13.4%、12.8%和8.8%。② 如果中央财政对参保城乡居民基础养老金补贴比例能够达到3.0%以上的话（以此标准计算，

① 国家统计局编：《中国统计年鉴2013年》，中国统计出版社2013年版，第4-5页。

② United Nations, Statistics Yearbook, 1965。

2012年中央财政投入资金为562.93亿元，只占该年GDP的0.11%），按照现有的补贴项目及其比例，那么每人每月的补贴数额将可以翻番。从这个意义上来说，中央确定的基础养老金标准对于中央财政来说，其压力并不大，还有继续提高的空间。在国家补贴方面，中央以及地方各级财政根据财力增长情况以及居民消费水平的变动情况，对城乡居民基础养老金的最低标准定期进行调整。甚至可以考虑取消领取基础养老金与交纳个人缴费之间的捆绑，只要是农村户籍人口，只要到其年满60周岁（还可以考虑将其年龄设定为55周年），无论是否参与养老保险，都可以领取政府提供的基础养老金。

特别地，一段时期以来，中央财政收入占总财政收入的比重较高（2008年、2012年分别为53.3%、47.9%），但其支出占总支出的比重却较低（2008年、2012年分别为21.3%、14.9%）。也就是说，中央财政支出占总支出比重还有较大的提升空间。随着中央财政支出占总支出比例的提高，届时，中央财政能够拿出更多的资金对参保城乡居民进行财政补贴。

二、妥善处理好地方政府、特别是中西部地方政府对参保城乡居民养老保险金待遇的补贴问题

相对于中央一级财政补贴来说，地方财政、特别是东部省（市）对参保城乡居民的补贴内容比较多，补贴比例也比较高。按照相关规定，地方政府要对参保的16~59岁城乡居民每人每年补贴30元，东部11个省区还要补贴中央确定的基础养老金标准的50.0%。对参保城乡居民每人每年30元的补贴标准是否合理，主要考虑省级财政的承受能力。这里以河北省、福建省为例做具体说明。2011年底河北省、福建省参加新农保人数分别为3 288.98万人、1 173.78万人，如果每人每年补贴30元，政府补贴共支出分别为98 669.4万元、35 213.4万元，分别占同年其财政总收入1 737.77亿元、2 596.12亿元的0.56%、0.14%。如果将这个比例提高到1.0%的话，那么河北省、福建省两省级财政对参保对象的补贴分别达到17.37亿

元、25.96亿元。如果能够提高到这样的标准，地方政府对参保城乡居民每人每年补贴将会大大提高。这样会相应提高60岁及以上城乡居民的养老保险金待遇。与此同时，地方政府还要根据财政收入年增长速度适时对城乡居民养老保险基础养老金进行动态调整，以提高他们的养老保险金待遇。

但是，继续提高地方财政对参保城乡居民的补贴标准也存在一些问题。这可以从国家一般预算收入与支出比例看出。2012年，中央财政在总预算收入中比例为47.9%，但其支出比例仅占14.9%；地方财政收入、支出比例分别为52.1%、85.1%。这一财政结构比例为地方财政对参保居民提高缴费补贴带来了不少困难。2012年，河北省地方一级财政收支后，当年财政剩余为-1 799.62亿元（当年该省财政收入、支出分别为1 737.77、3 537.39亿元）。可见，要继续提高地方财政对参保居民的缴费补贴，难度不小。特别地，如果要继续提高地方财政对参保城乡居民的补贴标准，中西部一些省区地方一级财政将更加不堪重负。2012年地方财政对参保城乡居民的补贴测算结果表明，全国地方财政对参保城乡居民的补贴最低补贴数额为230.88亿元，占全国地方财政收入的比重为0.37%。从总体上来看，地方财政负担并不是很重，但由于存在地区经济发展水平与财政能力的不平衡，贫困地区地方财政支持的压力很大，如甘肃的比例达到了1.76%，如果要继续提高其补贴比例，将会进一步加重地方财政的负担。解决的办法为：（1）适当加大中央财政的转移支付力度，以补助地方财政的不足；（2）中央政府适当缩小对东部发达地区的财政补贴，将省下来的资金用于补贴中西部欠发达地区的新农保基金。

三、中央及地方政府财政对参保城乡居民基础养老金补助数额及其比例要根据财政收入的年增长速度适时进行动态调整

改革开放40多年以来，我国中央及地方财政收入增加及支出都大幅度地提高。2012年我国GDP比2009年增长幅度达到152.62%，中央财政支出增长幅度也达到122.99%。河北省、福建省的经济发展速度平均增幅达

到了2位数以上。2012年，福建省财政总收入是1980年的170倍多；1979—2012年，河北省的地方财政收入年平均增长速度超过15.0%。但是，从2009年开始实施的城乡居民社会养老保险制度至今已有将近11年，中央及地方财政对参保城乡居民的补贴项目及其比例没有发生任何变化。因此，可考虑依照GDP以及国家财政收入及支出相同的增长速度的一定比例，适时提高中央财政对参保城乡居民基础养老金补助数额，让参保城乡居民能够享受到改革开放的成果。各级政府财政完全有能力承担这一部分财政补贴。

第三节　将农民工群体纳入社会养老保险体系之中

由于多方面的原因，一段时期以来仍有相当数量的农民工群体游离于社会养老保险制度之外，成为我国社会养老保险体系的短板。建立符合农民工自身特点的、相对独立类型的农民工养老保险制度是一个重要选项。

一、农民工的主要特点

（一）流动性强是农民工最大的特点

由于经济收入因素是农民工流动的主要推拉力，这成为农民工流动性强的主要原因。一方面，我国现存的城乡二元经济结构使得城市收入水平远高于农业劳动者的收入水平，同时，工业化以及城镇化又需要大量的农村剩余劳动力，从而形成农民工流动的推拉力；另一方面，“逐利”是人之天性，也是农民工的流动的主要动因，正所谓“天下熙熙，皆为利来；天下攘攘，皆为利往”。研究显示，农民工流动程度（P）与农民工人均年净收入（M）、农民工对城市预期年收入（N）以及农民工流动平均成本（U）等因素之间密切相关，可用$P=(M-N)/U$关系式来表达，即：农民工流动程度（P）与农民工人均年净收入（M）和农民工对城市预期年收入（N）差值成正比、与农民工流动平均成本（U）成反比。这表明：

一方面，农民工流动的经济成本、社会成本越来越小；另一方面，在农民工对城市预期年收入（N）差异越来越小（土地因素决定着农民工对城市预期年收入，而土地是按照人头计算的且单位面积上土地的收益基本上是相同的）的情况下，农民工的人均年净收入（M）成为影响他们是否流动的最大因素。① 一段时期以来，我国不同地区经济社会发展水平之间相差甚大。东部沿海地区明显要强于中西部地区。因此，农民工一般更愿意流入东部沿海经济收入高的地区工作。农民工从中西部地区跨省区流动到东部沿海地区高达72.8%比例的这一数据，可以说是一个佐证。②

（二）经济收入不高是农民工的另一个特点

农民工学历层次较低、文化水平有限、技能单一等现状，决定了他们工作单位主要分布在制造业、建筑业、服务业、批发零售业、宿餐饮业等劳动密集型行业，也由此决定了他们与其他群体相比，收入不高。21世纪初期，浙江大部分地区农民工的月收入基本上维持在800元左右（平均年收入为9 600元左右），扣除实际支出后，每月的现金结余大概在370元③；国务院政研室调查数据显示，全国农民工平均工资约在500~800元（平均年收入为6 000~9 600元），其中，每月收入在300元以下的占3.58%、300~500元的占29.26%、500~800元的占39.26%、800元以上的占27.90%。④ 2005年，全国城镇单位在岗职工年平均工资为18 405元。也就是说，同期农民工的收入只有城镇单位在岗职工的一半左右。2010年以来，农民工的收入虽然有了一定程度的增长，但仍和其他群体有相当的差距。据2011年对黑龙江省农民工收入的调查数据显示，月收入在600元以下的占20.7%，600~900元的占9.3%，900~1 200元的占18.8%，1 200~1 500元的占18.1%，1 500元以上的占13.8%，2 000元以上的占

① 丁社教：《中国农民工过强流动性的原因及对策研究》，《西北工业大学学报》2008年第2期。

② 崔红志：《对把进城农民工纳入城市社会养老保险体制的认识》，《中国农村经济》2003年第3期。

③ 沈长仁、王根生：《浙江省农民工社会保险调查与建议》，《中国社会保障》2004年第7期。

④ 陈颐：《解决农民工养老保险问题的原则和思路》，《学海》2006年第5期。

19.3%。[①] 国家统计局调查数据显示，2014 年全国就业人员年平均工资为 49 969 元，但农民工月平均收入只有 2 864 元，两者之间的差距非常明显。

二、农民工市民化将是一个长期的过程

农民工市民化不仅仅是指农民工获得城镇户口，更重要的是指农民工在获得城镇户籍的基础上，在经济权利（包括劳动就业、社会保障）、政治权利、公共服务等方面享受与城镇居民相同的待遇，并逐步实现工作生活方式、社会交往、价值观念等与城市居民的融化。但是，由于我国特殊的二元经济制度以及其他因素的制约，我国农民工市民化过程中，未能像西方发达国家直接从农民向市民实现转变一样，而是要经历了由农民到农民工、再由农民工到市民的特殊的“中国路径”。目前，我国已基本上完成从农民到农民工的转变，但从农民工到市民的转变还有相当长的路要走。原因在于：**(1) 城镇公共服务资源的供需矛盾业已并将继续影响农民工的市民化过程**。前面已经说明，农民工市民化不仅仅是户口问题，更重要的是享受与城镇居民同等的包括劳动就业、社会保障以及公共服务等方面的经济权利。但是，由于城镇在公共服务资源建设方面的滞后与欠账，无力应对农民工短时期内爆发式进城对公共资源的需求，形成巨大的供需矛盾和缺口。因此，许多城镇地区公共资源只能向城镇居民倾斜，有意无意将农民工排除在外。**(2) 农民工本身对市民化的参与也并不是十分热心**。目前绝大多数农民工在老家都还保留着一定的宅基地和自留地，在城镇化、工业化过程中，拆迁补助款对他们来说是一个不小的诱惑；另一方面，有相当比例的农民工文化水平有限、技能单一，仅能靠体力在城市从事诸如建筑、运输、餐饮服务等劳动密集型工作，在他们年老或者丧失劳动能力以后，城市没有他们的栖息之地，终究要回到农村。在城镇并不热情接纳他们的背景下，农民工本身对市民化的参与也并不是十分热心。**(3) 户籍制度改革在农民工市民化过程中发挥的作用有限**。调查数据显

① 赵继颖等：《农民工市民化进程中的社会保障问题研究》，《边疆经济与文化》2013 年第 5 期。

示，由于建制镇和小城市公共资源的相对不足，农民工更愿意到中等城市以及大城市落户。但农民工这一落户愿意和2014年7月国务院《关于进一步推进户籍制度改革的意见》提出“全面放开建制镇和小城市落户限制，有序放开中等城市落户限制，合理确定大城市落户条件，严格控制特大城市人口规模”改革方案有着相当的差距。同时，意见根据综合承载能力和经济社会发展需要，对落户中等城市、大城市以及特大城市的，在就业、住所、参加社会保险以及其他方面都设置了明确的先决条件。这些先决条件对于绝大多数农民工来说，都是不可逾越的阻碍。因此，可以说，一段时期以来的户籍制度改革在农民工市民化过程中发挥的作用有限。

三、现有农民工养老保险模式的欠缺

一段时期以来，农民工比较集中的地区对农民工社会养老保险模式进行了有益的探索，形成了各具地方特色的农民工社会养老保险模式，如深圳模式、北京模式、上海模式和山西模式以及扩面型、仿城型和综合型等模式。但是，但其实践过程中，这些模式取得的成效远不如预期。出现以上这种情况的主要原因在于现有的农民工社会养老保险模式没有妥善处理好以下几个方面的关键性问题：（1）参保农民工的缴费问题。现有的关于农民工社会养老保险模式一般都仿照城镇企业职工社会养老保险的模式，由用人单位和农民工共同缴费、建立“社会统筹+个人账户”的形式。但由于农民工收入较低，且其收入有养家糊口之需，无力承担各种模式设计的比例缴费。（2）养老金待遇支付的年限问题。各种关于农民工社会养老保险模式一般都要求，农民工实际累计缴费年限满15年的，才能够按月领取养老金待遇。由于农民工具有流动性强的特点，这一要求对他们来说非常勉强。2013年5月，国家卫计委进行了“流动人口动态监测问卷调查”显示，农民工在全国、福建省和泉州市平均工作时间分别为4.20年、4.15

年和4.07年。[①]（3）农民工养老保险关系的转移接续问题。由于不同地区缴费基数和比例各各不同，农民工养老保险关系的转移接续面临着现实的难题。因此，各种农民工社会养老保险模式一般都规定，如果在养老保险统筹区内再就业的，养老保险关系可以转移接续；如果在养老保险统筹区外再就业的或者待业的，一般都封存养老保险关系，或者一次性支付个人账户部分的资金。由此成为一些农民工不愿意参保的理由。

四、国家关于农民工养老保险的政策思路

由于借鉴城镇企业职工社会养老保险制度的构建农民工社会养老保险模式的思路未能取得预期成效，从2005年开始，党中央、国务院强调，农民工社会养老保险模式的构建要“适合务工农民特点”，即“低费率（用人单位缴费比例由20.0%降为8.0%~10.0%，农民工个人缴费比例由8.0%降为3.0%~4.0%）、广覆盖、可转移，并能够与现行的养老保险制度衔接”。这一关于构建农民工社会养老保险模式的思路与城镇企业职工社会养老保险制度在缴费基数、比例等方面有着较为明显的区别，并特别强调“养老保险关系的转移和接续”。关于这一点，党的十八大及十八届三中全会特别强调，要进一步“完善社会保险关系转移接续政策，扩大参保缴费覆盖面，适时适当降低社会保险费率”。基于各地区的缴费基数、缴费比例相差较大，在养老保险关系转移和接续方面存在着现实的难题，因此，党的十七大又提出了要进一步“提高统筹层次，制定全国统一的社会保险关系转续办法。”也就是说，国家关于农民工养老保险的政策思路是：在强调建立统一的社会养老保险制度框架的前提条件下，农民工社会养老保险制度与城镇企业职工社会养老保险制度可以有一定的差别：（1）农民工社会养老保险制度要“适合务工农民流动性强的持点”；（2）农民工社会养老保险制度要实行“低费率、广覆盖、可转移”；（3）农民工社会养老保险制度要“能够与现行的养老保险制度衔接”。这也是未来一段时期

① 泉州市人口计生委编：《泉州市流动人口动态监测报告2013年》，泉州市人口计生委2014年8月。

内完善我国农民工社会养老保险制度的重要思路和方向。这一思路和方向与城镇企业职工、城乡居民以及国家公职人员的社会养老保险制度有着较大区别，也为建立相对独立类型的农民工社会养老保险制度做了政策上的铺垫。

五、建立相对独立类型的农民工养老保险制度

对独立类型的农民工养老保险制度内容主要包括：缴费主体包括农民工用人单位和农民工、实行“低社会统筹+高个人账户”的模式；缴费基数及比例稍低于城镇企业职工的缴费水平；农民工养老金待遇包括社会统筹、基础养老金和个人账户三个部分；区别农民工发生劳动关系变动后的不同情况，将其养老保险关系的转移接续做不同处理。具体来说，有以下几个方面的内容（表8-1）：

第一，实行“低社会养老保险基金缴费比例”模式。(1) 考虑到农民工供职单位多为利润较低的劳动密集型企业，适当降低其供职单位的缴费比例：其缴费比规定为其全部员工工资总额的10.0%（自2019年5月1日起，城镇职工基本养老保险单位缴费比例已降至16.0%。在此基础上，再降至10.0%）。这样，既保证了农民工养老金待遇社会统筹部分不会大幅降低，又降低了其供职单位的非生产性支出，减轻了农民工供职单位的负担，保证农民工供职单位和农民工社会养老保险制度的可持续性。(2) 考虑到农民工工资收入不高的现实情况，将农民工参保的缴费比例降低至其工资收入的4.0%。这样有利于农民工在解决近期刚性消费需求后，提高他们参保率。(3) 农民工供职单位及农民工缴费与城镇企业职工缴费的差距部分，可以从以下两个方面进行消化：一是可以仿效城乡居民社会养老保险制度政府财政补贴的方式，由国家财政（每人每月88.0元的标准）及地方财政（每人每月30.0元的标准）分别对用人单位和农民工进行补贴；二是适当降低农民工的社会养老保险金的待遇。目前，我国城镇企业职工养老基金替代率大概为50.0%~60.0%，农民工养老基金替代率可以适当降低到30.0%~40.0%。与城镇企业职工养老保险待遇之间的差距，

可以通过农民工土地养老保障方式得以弥补。

第二，实行“低社会统筹账户、高个人账户”模式。建立“社会统筹+个人账户”相结合的社会养老保险模式，可以有效方便地实现各类人员社会养老保险制度的整合。考虑到目前农民工身份、收入、就业等方面现实情况，实行低社会统筹账户（农民工供职单位缴费比例的 6.0%部分）、高个人账户（农民工缴纳的个人收入的 4.0%部分+农民工供职单位缴费比例的 4.0%部分）。这样，可以有效提高农民工养老保险的待遇标准。

第三，实行“灵活的社会养老保险关系转移接续”模式。农民工发生劳动关系变动后，社会养老保险关系转移接续分以下两种情况进行处理：(1) 重新就业的，包括社会统筹和个人账户部分的社会养老保险关系进行无条件的转移接续，其社会统筹部分资金纳入新就业地区的劳动社会保障部门进行统筹管理。(2) 暂时中断就业的，由原就业地区的劳动社会保障部门保留其养老保险关系，封存个人账户；再次就业后，其养老保险关系可以接续，其中断就业期间的费用可以由个人补缴。

第四，农民工社会养老金待遇包括社会统筹、基础养老金和个人账户三个部分。(1) 农民工社会养老金待遇的社会统筹部分为农民工退职时所在地区上年度城镇职工月平均工资的 30.0%～40.0%（养老保险金替代率为 30.0%～40.0%，稍低城镇企业职工 50.0%～60.0%的养老保险金替代率）；缴费年限少于或者多于 15 年的，其社会统筹部分相应减少或者增加 0.1 的系数。因劳动关系转移导致社会统筹的差额部分（如从城镇职工月平均工资低的地区转移到高的地区），由国家财政予以补贴。(2) 考虑到农民工“亦农亦工”的现实情况，将目前中央确定的基础养老金（中央政府每人每月补贴 88.0 元，地方政府每人每月补贴 20.0 元）国家补贴给农民工。(3) 农民工养老保险待遇的个人账户部分，实行和城镇企业职工社会养老保险制度相同的标准，即个人账户的 1/139。

表 8-1 适合农民工群体特征的社会养老保险模式

	模式	基金筹集	缴费年限	养老金待遇	养老保险关系转移接续
主要内容	供职单位、农民工共同缴费；社会统筹与个人账户相结合	农民工收入比例 4.0% + 供职单位工资发放总额比例 8.0%	缴费年限少于或超过 15 年的，其社会统筹部分减少或增加 0.1 系数	中央确定的基础养老金+社会统筹部分+个人账户部分	不受缴费年限限制，社会统筹部分、个人账户部分可以转移接续

第四节 建构五支柱模式的社会养老保险制度框架

一、从“三支柱”模式到“五支柱”模式

第二次世界大战后西方国家以“贝弗里奇报告”制度框架[①]所建立起来的新型社会保障和福利制度，在抑制社会不公、避免社会分化、消除社会绝对贫困等方面起到积极作用。[②] 但由此其高福利、高支出也使政府背上了沉重财政负担，并影响到国家竞争力。一直致力于多支柱养老金制度改革模式研究和探索的世界银行（World Bank），在总结“贝弗里奇报告”以及其他学者和机构社会养老保险理论经验教训的基础上，于 1994 年 10 月、2005 年 12 月分别发表了《防止老年危机——保护老年人及促进增长

① 在现代社会养老保险理论的发展史上，由英国著名学者威廉·亨利·贝弗里奇（William Heony Beveridge，1879—1963）主持的研究报告“社会保险及相关服务”（Social Insurance and Allied Services，一般称为“贝弗里奇报告”）可以说具有划时代的意义。该研究报告在检讨英国数百年以来社会保障制度成就和弊端的基础上，构建了第二次世界大战后社会保障和社会福利制度的基本框架，从而奠定了战后以来英国以及整个西欧“福利国家”制度的蓝图，甚至对包括美国在内的经济发达国家和包括墨西哥在内的发展中国家的社会养老保险制度的制定都产生了重要影响。

② 关信平：《西方“福利国家之父”——贝弗里奇：兼论《贝弗里奇报告》的诞生和影响》，《社会学研究》1993 年第 6 期。

的政策》（Averting the Old Age Crisis——Protection of the elderly and to promote the growth of policy）和《21世纪老年所得资助——养老金制度改革的国际比较》（Old-Age Income Support in the 21st Century——International Comparison of Pension System Reform）的研究报告，提出了“三支柱”①、“五支柱”社会养老保险制度改革模式，认为“一个更为分散化的退化收入保障模式是必要的，而且更为广泛的退休收入来源也有助于降低未来收入损失的风险”②。即：（1）非缴费型的“零支柱”主要为终身贫困者以及不适用任何社会养老保险制度的非正式部门和正式部门的老年或者丧失劳动能力的人提供社会养老保险，以达到社会养老保险制度的“兜底”作用；（2）缴费型的“第一支柱”为强制性的社会保障年金制度，该支柱主要通过社会财富的再次分配，为年老者提供最低生活水平的终身保障。该支柱和基础支柱的费用主要来自社会保障保险费，按照随收随付式的确定给付制进行操作；（3）强制性的“第二支柱”通过个人和用人单位在职期间缴纳的一定费用建立职业年金制度；（4）自愿性的“第三支柱”或主要通过个人的商业保险和理财，达到年老（或者丧失工作能力）后以提高生

① 1994年，世界银行在《防止老龄危机——保护老年人及促进增长的政策》报告中指出：世界各国业已并将继续遭受到人口老龄化以及对提供老年经济安全的现有养老保险金制度问题越来越突出等两大问题。因此，各国政府对于老年经济的安全计划应从强调储蓄（saving）、重新分配（redistribution）以及保险（insurance）功能等三个方面进行规划，并扮演好在每一项功能上的角色。“三支柱”模式分别为：（1）第一支柱（the first pillar）为政府财政支付的养老保险金待遇，以实现不适用任何法定职业养老保险制度老年公民的社会养老保险，从而达到缩减老年者贫困的目的；（2）第二支柱（the second pillar）为企业及个人缴费的强制性民营支柱，通过企业及个人对在工作期间缴纳的养老保险金移转到年老者（或者丧失工作能力）后而能够享受到养老保险待遇；（3）第三支柱（the third pillar）为个人通过商业投资和理财而建立的自愿性参加支柱，以达到年老（或者丧失工作能力）后更好的生活质量的目的。世界银行“三支柱”模式提出后，成为不少国家和地区关于社会养老保险政策的优先选项，美国、英国、俄罗斯、日本和阿根廷等国家和地区都采取了“三支柱”模式。（参见：The World Bank. 1994, Reverse the aging crisis——Protection of the elderly and to promote the growth of policy. New York：Oxford University Press Inc.）。

② 邹东涛、李欣欣：《社会保障：制度完善与制度创新》，北京：北京社会科学文献出版社2011年版，第22页。

活质量的目的；（5）非正规保障的“第四支柱”其经费主要来自其子女供养、亲戚资金资助以及家庭间的资金移转，以达到弥补前四个支柱覆盖外人群的不足。①

二、我国“五支柱”社会养老保险模式的构建

基于不同历史时期形成的我国各类不同人员社会养老保险金的筹资方式，有着较大的差别，分别为：（1）我国城镇企业职工社会养老保险制度实行由国家、企业和个人三方共同缴纳社会养老保险费（分别为本人工资的8.0%、不超过企业工资总额的20.0%），并实行“社会统筹+个人账户”相结合的形式；（2）我国城乡居民社会养老保险费主要包括个人缴费、集体补助（主要针对农民居民而言）以及政府补贴；（3）2015年1月国务院《关于机关事业单位工作人员养老保险制度改革的决定》规定，建立与城镇企业职工统一的、“社会统筹+个人账户 ”相结合的机关事业单位工作人员的社会养老保险制度，并确定了“一个统一、五个同步”改革的基本思路。② 根据世界银行老年经济安全“三支柱”模式，我国所要建立统一的政府补贴和个人缴费的“社会统筹+个人账户”相结合形式的“国民养老金制度”分别表现为（表8-2）：第一支柱，财源来自政府财政保障，属于强制性公营支柱，主要包括城乡居民养老保险、城乡职工养老保险以及公务员养老金所涵盖的人员，即所有国民。第二支柱，财源来自于企业资金保障，属于强制性民营支柱，主要包括城乡职工养老保险以及公务员养老金所涵盖的人员。由于城乡居民没有相应的单位，因此他们没有被包括进来。第三支柱，财源来自商业投资和理财所得，属于商业自愿养老保险性质的，包括城乡居民养老保险、城乡职工养老保险以及公务员养老金

① Holzmann, R. and R. Hinz. 2005, Old-Age Income Support in the 21Century: An International Perspective on Pension Systems and Reform. Washington D. C.: The World Bank.

② “一个统一”，即党政机关、事业单位建立与企业相同基本养老保险制度，实行单位和个人缴费，改革退休费计发办法，从制度和机制上化解“双轨制”矛盾；“五个同步”，即机关与事业单位同步改革，职业年金与基本养老保险制度同步建立，养老保险制度改革与完善工资制度同步推进，待遇调整机制与计发办法同步改革，改革在全国范围同步实施。

三类制度所涵盖的人员都可以自愿进行商业投资和理财，以提高他们退休后的生活水平。

表 8-2　我国社会养老保险制度的“三支柱”及其所涵盖制度

“三支柱”模式	涵盖制度		
第三支柱：商业投资理财（商业养老保险）	—	—	城乡居民养老保险；城乡职工养老保险；公务员养老金
第二支柱：企业财源支撑（强制性民营支柱）	—	城乡职工养老保险；公务员养老金	—
第一支柱：政府财政保障（强制性公营支柱）	城乡居民养老保险；城乡职工养老保险；公务员养老金	—	—

目前，虽然我国已初步建立、健全了“三支柱”的社会养老保险体系，但同时也存在不少的问题，亟待得到进一步的完善和发展。因此，借鉴世界银行关于养老保险“五支柱”的模式，建立健全我国多支柱的社会养老保险模式，对于进一步完善各类人员的社会养老保险制度具有特别重要的意义。这也是我国社会养老保险制度改革的发展方向。

第一，我国社会养老保险的“三支柱”模式。经过不断的制度完善，由用人单位和个人共同缴费的“社会统筹+个人账户”相结合的社会养老保险制度已基本建立起来。对照世界银行社会养老保险的“三支柱”模式，分别表现为：由政府财政支付的、属于强制性的第一支柱（基本社会养老保险制度），其覆盖对象主要包括城乡居民、城镇企业职业以及国家公职人员，其政府财政支付部分分别为由中央财政支付的城乡居民的基础养老金部分、城镇企业职工养老保险制度中国家财政补贴部分以及所有国家公职人员的养老金；由企业资金作为保障建立起来的第二支柱（企业社会养老保险制度）；通过个人银行储蓄或者理财以及商业保险公司建立的第三支柱（个人储蓄型保险制度）。

目前，虽然我国初步建立了“三支柱”养老保险制度体系，但由于制度的不完善，存在以下几个方面的问题：（1）我国各类人员的养老保险金待遇主要来自国家财政和单位效益收成，特别是国家公职人员的养老金全部来自国家财政，这不仅加重了国家财政负担，也违背了社会保障的责任分担的原则。一般来说，社会养老保险应该充分发挥国家、单位以及个人三方的责任，政府承担的基本养老保险费都是低标准的，起到“兜底”作用。但是，目前政府财政承担了包括公务员、事业单位人员在内的国家公职人员的全部养老金；另外，由于我国城镇职工养老金制度改革始于20世纪90年代中后期，由此存在着事实上的“名义账户”，其越来越庞大的空账也就靠国家财政承担。与此同时，中央财政和地方财政还要支付城乡居民的基础养老金部分。因此，作为我国社会养老保险制度中的第一支柱，国家财政承担着重要责任，同时也加重了政府财政负担。（2）按照相关规定，企业缴纳养老保险费为企业工资总额的20.0%，参保个人缴纳比例为本人缴费工资的8.0%。在有一些地区，实际缴费率甚至更高于这一比例。特别地，由于企业承担的高达20.0%的养老保险总缴费率，不仅影响企业的再生产能力，也削弱了再投保职业退休金和个人养老储蓄的能力。即使与发达国家和地区相比，我国高达28.0%的养老保险金总缴费率高于瑞典的24.0%、美国的14.0%。（3）相对于国家财政出资的第一支柱——基本养老保险金来说，属于企业补充养老保险的企业年金制度的第二支柱发展严重不足。从总体上来说，目前我国企业补充养老保险仍处于零散发展的状态。我国《企业年金试行办法》于2004年4月才正式实施。至2012年底，参加企业年金计划职工约为1 847万人，只占当年参加城镇企业职工基本养老保险人数30 427万人的6.0%左右；领取企业年金待遇的职工人数约为51万人，仅占当年领取城镇企业职工基本养老保险人数7 446万人的0.7%左右。从企业年金积累基金总量来说，至2012年底，我国企业年金所积累养老保险基金约为4 800亿元左右，只占同期基本社会养老保险

基金的18.32%，占同年国民生产总值的0.92%。[①] 与发达国家相比，差距较大。2010年底，美国1.59亿职工中的94.0%被纳入政府主办的养老保险体系中，约49%的职工同时拥有雇主养老金。[②] 与此同时，属于个人储蓄型保险计划的第三支柱的发展也存在诸多问题，不仅总量过小，且人均值也微不足道。统计数据显示，2012年我国寿险保费只有99.581亿元，赔款以及给付额为15.05亿。目前我国人寿保险人均只有27美元，而在发达国家高达3 000美元。（4）由于养老保险制度设计上内在的缺陷，一方面使具有缴费能力的国家公职人员（包括公务员、事业单位人员）没有缴纳养老保险费，而缴费能力不足或者缺乏缴费能力的城镇企业职工、城乡居民却要缴纳相当的费用；另一方面又使相当一部分流动人口游离于社会养老保险制度之外、成为我国社会养老保险制度中的短板；与此同时，在不少地区又出现了既参加城镇企业职工社会养老保险（具有固定工作的城镇农民工）、又参加城乡居民社会养老保险的情况。

基于世界银行社会养老保险的“五支柱”的模式，我国各类人员的社会养老保险制度可以从以下几个方面进行建构：第一，进一步建立健全非缴费型的“零支柱”，为终身贫困者以及不适用任何形式的社会养老保险制度的非正式部门和正式部门的老年或者丧失劳动能力的人提供社会养老保险，以达到社会养老保险制度的“兜底”作用。其社会养老保险费可以通过国家财政（国家财政每年拨出一定数量的专款）或者征收专门税款（征收社会年金保险费或者一般形式的税收）等多种形式，采用随收随付制的模式为适合以上几种情况的公民提供最基本生活保障的社会养老保障制度，以保障他们最低生活保障，从而实现社会保障“兜底”民生的作用。在与现有民生制度整合方面，社会养老保险年金制度可以与城乡居民最低生活保障制度、农村“五保”制度、特殊人群的社会救助制度以及社会帮扶制度等合并实施。

第二，进一步健全缴费型的“第一支柱”，成立有效保障有正式工作

① 国家统计局：《中国统计年鉴2013》，北京：中国统计出版社，2013年版，第673页。

② 郝大为：《关于完善企业年金运行机制的研究》，《社会保障研究》，2014年第2期。

公民退休后的社会养老保险年金制度。该支柱的社会养老保险费借助国家社会保险体系，以非积累的现收现付模式为缴纳基础，通过国家、供职单位以及参保个人（包括国家公职人员、城镇企业职工、有固定工作的进城务工人员以及各类灵活方式就业人员）三方按照一定的比例共同缴费，按照随收随付式的确定给付制进行操作，以体现社会养老保险责任共同分担的原则。在具体实施过程中，由国家颁布相关法律法规，对以上各类人员强制性征收社会养老保险费，和国家以及供职单位征集的相关费用共同成立社会养老保险基金。至于国家、用人单位以及参保个人三方的征集比例，可以改变现有的固定比例征集方式，按照参保个人的实际收入水平的一定比例进行征收。由于本支柱社会养老保险费的征收与参保个人的实际收入挂钩，因此，其养老保险金待遇在一定程度上与缴纳费用成正比。也就是说，非缴费型的“零支柱”注重公平，保障全体公民的基本生存权利，而健全缴费型的“第一支柱”则注重效率，体现多劳多得的原则。

第三，进一步健全强制性的“第二支柱”，建立健全有正式工作公民的职业养老金制度。该支柱是在“第一支柱”的基础上，对职工养老保险年金制度的有效补充和完善。具体操作过程为：根据其工作单位的实际情况，由其供职单位按照单位的经济效益和个人按照其实际收入的一定比例缴纳一定的职业年金费，建立职业年金基金。

第四，进一步健全自愿性的“第三支柱”，第三支柱的养老保险金主要通过个人和企业以自愿性的方式进行商业性保险储蓄，建立商业保险储蓄基金。如购买商业性人寿保险或者进行商业性保险储蓄，以应对其他支柱设计缺陷所带来的制度风险。为进一步促进该支柱的良性有效发展，政府相关部门可以通过制定法律法规、政策等方式，鼓励公民投资于商业性人寿保险、商业性保险储蓄，提高老年者的生活水平。这一方面，美国的经验值得借鉴：（1）美国政府通过制定不同的税收政策鼓励企业提高员工

的退休金和企业年金的比例，以充实老年年金。这一方面，401（K）计划①可以说是一个非常成功的案例。（2）通过征收社会保险税，将所得资金转移到企业年金中。

第五，进一步健全非正规社会保障的“第四支柱”，通过子女供养、亲戚资金资助以及家庭间的资金移转等方式，健全伦理性的家庭保险养老制度，提高老年者的生活水平。

按照以上设想，未来一段时期内我国建立的个人和用人单位共同缴费的、实行“个人账户+社会统筹”相结合形式的“五支柱”模式，在主要内容、目标、财务以及涵盖制度等方面如表 8-3 所示。

表 8-3 我国社会养老保险制度的多层次保险体系表

	主要内容	目标	财务	涵盖人群
第四层	家庭供养，亲属接济	互助互济	灵活形式	所有人群
第三层	商业保险，银行理财	自愿储蓄	确定缴费制	所有人群
第二层	职业养老金（职养老金）	强制储蓄	确定给付制	有正式工作、且经济能力允许的人群
第一层	社会养老金	所得重分配	确定给付制	有正式工作的人群

从表 8-3 可以看出，我国社会养老保险制度的多层次保险体系的第零层、第一层分别为基本养老金制度和社会养老保险金制度，覆盖全社会的所有公民，实行随收随付制的模式，以达到消除贫穷和对国民收入重分配的目的；第二层为职业社会养老金，覆盖所有有正式职业的公民，主要包

① 401（K）计划是指 1984 年美国通过了其所得税法第四百零一条第 K 款。20 世纪 80 年代，401（K）计划得到法律认可、并制定了实施规则；20 世纪 90 年代后发展迅速，逐渐取代传统的社会保障体系，成为美国诸多雇主首选的社会保障计划。该计划规定：政府鼓励公司为其员工提拨退休金，建立确定提拨制退休年金制度；其提拨金额可从所得中扣除，不列入公司所得税缴交的范围；如受雇者自愿增加提拨，雇主也必须对等提拨，但设有上限。

括城乡居民社会养老保险、城镇企业职工社会养老保险以及国家公职人员（包括公务员和事业单位人员）的社会养老保险，实行个人和用人单位共同缴费的、实行“个人账户 +社会统筹”相结合形式；第三层为自愿性的商业社会保险；第四层通过子女供养、亲戚资金资助以及家庭间的资金移转等方式，健全伦理性的家庭保险养老制度，提高老年者的生活水平。

参考文献

1. 专著

［1］庇古：《福利经济学》，北京：华夏出版社 2007 年版。

［2］陈信勇：《中国社会保险制度研究》，杭州：浙江大学出版社 2010 年版。

［3］邓大松、刘昌平等：《改革开放 30 年：中国社会保障制度改革回顾、评估与展望》，北京：中国社会科学出版社 2009 年版。

［4］符宝玲：《退休基金制度与管理》，台北：华泰书局 2005 年版。

［5］胡晓义主编：《走向和谐：中国社会保障发展 60 年》，北京：中国劳动社会保障出版社 2009 年版。

［6］龙玉其：《公务员养老保险制度国际比较研究》，北京：社会科学文献出版社 2012 年。

［7］孙光德、董克用主编：《社会保障概论》，北京：中国人民大学出版社 2012 年版。

［8］苏保忠：《中国农村养老问题研究》，北京：清华大学出版社 2009 年版。

［9］王洪春、汪雷：《中国农村社会保障：新的机遇与挑战》，合肥：中国科学技术大学出版社 2006 年版。

［10］詹姆斯・杜森贝里：《收入、储蓄和消费行为理论》，上海：上海人民出版社 1998 年版。

[11] 张敬一、赵新亚：《农村养老保障政策研究》，上海：上海交通大学出版社 2007 年版。

[12] 张思锋、王立剑等：《新型农村社会养老保险制度试点研究——基于三省六县的调查》，北京：人民出版社 2011 年版。

[13] 郑功成：《从企业保障到社会保障——中国社会保障制度变迁与发展》，北京：中国劳动社会保障出版社 2009 年版。

[14] 郑功成：《社会保障学——理念、制度、实践和思辨》，北京：商务印书馆 2000 年版。

[15] 郑功成：《社会保障研究》，北京：中国劳动社会保障出版社 2008 年版。

[16] 郑功成：《中国社会保障改革与发展战略》，北京：人民出版社 2011 年版。

[17] 郑功成等：《中国社会保障制度变迁与评估》，北京：中国人民大学出版社 2002 年版。

[18] 邹东涛、李欣欣：《社会保障：制度完善与制度创新》，北京：北京社会科学文献出版社 2011 年版。

[19] 汤兆云：《城乡统筹发展中的社会养老保险制度建设研究》，北京：经济日报出版社 2016 年版。

2. 论文

[20] 陈平路、陈遥根：《养老保险体系中的 Auerbach - Kotlikoff 模型》，《统计与决策》2007 年第 22 期。

[21] 陈小京：《城乡居民参与新型农村社会养老保险的意愿分析——对湖北省 C 市推进“新农保”试点工作的调查》，《湖北社会科学》2012 年第 12 期。

[22] 崔凤、李红英：《新型农村社会养老保险可能面临的主要问题与政策建议》，《西北人口》2011 年第 2 期。

[23] 邓大松、薛惠元：《新型农村社会养老保险替代率精算模型及其

实证分析》,《经济管理》2010 年第 5 期。

［24］邓大松、刘昌平:《中国养老社会保险基金敏感性实证研究》,《经济科学》2001 年 6 期。

［25］邓大松、薛惠元:《新农保财政补助数额的测算与分析——基于 2008 年的数据》,《江西财经大学学报》2010 第 2 期。

［26］邓大松、薛惠元:《新型农村社会养老保险制度推行中的难点分析——兼析个人、集体和政府的筹资能力》,《经济体制改革》2010 年第 1 期。

［27］封进、郭瑜:《新型农村养老保险制度的财政支持能力》,《重庆社会科学》2011 年第 7 期。

［28］付钢:《公务员养老保险制度改革探析》,《中南财经政法大学学报》2010 年第 2 期。

［29］郭光芝、杨翠:《新农保中地方财政补贴责任的区域比较研究》,《人口学刊》2011 年第 4 期。

［30］李乾宝:《农村养老保险的现状、问题与出路——以福建省宁德市为例》,《福建论坛》2011 年第 3 期。

［31］李香允:《农村社会养老保险政策分析及对策建议——基于北京市农村养老保险制度改革的调查研究》,《农村经济》2012 年第 3 期。

［32］李长远:《我国农村社会养老保险制度"碎片化"路径依赖及对策》,《社会保障研究》2010 年第 3 期。

［33］刘晓梅:《我国新型农村社会养老保险制度及试点分析》,《农业经济问题》2011 年第 4 期。

［34］刘晓雪:《积极探讨我国农民工养老保险制度》,《上海农村经济》2006 年第 8 期。

［35］罗建新:《我国城镇职工基本养老保险基金的制度环境风险》,《中南民族大学学报》2005 第 12 期。

［36］沈长仁、王根生:《浙江省农民工社会保险调查与建议》,《中国社会保障》2004 年第 7 期。

[37] 汤兆云：《福建省城镇职工养老保险制度的问题及应对策略》，《南京人口干部学院学报》2013 年第 3 期。

[38] 汤兆云：《论我国社会养老保险制度的整合》，《社会保障研究》2014 年第 3 期。

[39] 汤兆云：《人口老龄化对农村养老保险制度的影响及其政策建议》，《西北人口》2013 年第 2 期。

[40] 汤兆云：《我国社会养老保险制度的改革——基于世界银行“五支柱”模式》，《江苏社会科学》2014 年第 2 期。

[41] 汤兆云：《养老保障要未雨先绸》，《光明日报》2010 年 7 月 23 日理论版。

[42] 汤兆云：《新农保实施中的城乡居民参保意愿问题分析》，《华侨大学学报》2014 年 6 月第 2 期。

[43] 汤兆云：《建国以来我国养老保险制度的改革及其未来发展方向》，《科学社会主义》2014 年 12 月第 6 期。

[44] 汤兆云：《从“三支柱”到“五支柱”：我国社会养老保险的发展方向》，《广东社会科学》2015 年 7 月第 4 期。

[45] 汤兆云：《农民工与我国社会养老保险第四种类型的构建》，《广东社会科学》2015 年 9 月第 4 期。

[46] 汤兆云：《城乡居民养老保险制度良性运行中的政府财政责任》，《西北人口》2015 年 11 月第 6 期。

[47] 汪柱旺：《农村养老保险：供给主体与制度创新》，《当代财经》2006 年第 10 期。

[48] 王翠琴、薛惠元：《新农保个人账户养老金计发系数评估》，《华中农业大学学报》2011 年第 3 期。

[49] 徐清照：《山东新型农村社会养老保险发展的现状、问题与对策研究》，《东岳论丛》2009 年第 4 期。

[50] 许凌：《我国公务员养老保险改革研究——基于公务员和企业职工养老保险并轨制的视角》，《赤峰学院学报》2012 年第 8 期。

［51］薛惠元、张德明：《新农保基金筹集主体筹资能力分析》，《税务与经济》2010 年第 2 期。

［52］杨翠迎：《农民工养老保险制度运作的困境及其理论诠释》，《浙江大学学报》2006 年第 5 期。

［53］张赛群、汤兆云：《参保农民对新农保涉费项目的评价及完善建议——基于福建省安溪县的调查》，《人口与社会》2014 年第 2 期。

［54］张祖平：《中国城镇职工养老保险制度的缺陷与改进建议》，《江西财经大学学报》2012 第 3 期。

［55］赵继颖等：《农民工市民化进程中的社会保障问题研究》，《边疆经济与文化》2013 年第 5 期。

［56］郑功成：《中国社会保障制度改革与制度建设》，《中国人民大学学报》2003 年第 1 期。

［57］朱方圆、张庆君：《城乡居民最低养老水平财政保障程度分析》，《农村经济》2013 年第 9 期。

［58］Adam Smith. An inquiry into the nature and causes of the wealth of nations. China social science publishing house. Reprinted from the english edition by methuen, 1930.

［59］Beattie, R. and McGillivray, W. "A Risk Strategy Reflections on the World Bank Report Averting the Old Age Crisis", International Social Security Review, 48, 1995.

［60］Borsh-Supan, Axel, Aging in Germany and the United States: Internation Comparison in Wisc, David A (Hrsg), 2004.

［61］Cymrot. Donald J. Priva te Pension Saving, The Effect of Tax Incentives on the Rate of Return · Southern Economic Journal, Jul 1980. Vol. 47.

［62］Diamond, P. A. A framework for social security analysis. Journal of public economics, 1977.

［63］Holzmann, R., E. Joseph, F. Louise, J. Estelle and R. Orszag, "New Ideas about old Age Security: Toword Sustainable Pension Syetems in the

21st Century", Wahsington, D. C: The World Bank, 2001.

[64] Karczmar, Mieczyslaw, 2005. "Reform of the US pension system: political controversies defeat demographic and financial realities," Current Issues: Demography Special, July 19, Deutsche Bank Research, 2005.

[65] Modiglian, F. Brumberg, R. Utility analysis and the consumption function: An interpretation of cross-section data. New Brunswick NJ: Rutgers University Press, 1979.

附：关于社会保障调节收入再分配效应的调查问卷

尊敬的先生/女士：

您好！我们正在进行的是关于“社会保障调节收入再分配的效应及其政策体系完善研究”课题的问卷调查（福建省以马克思主义为指导的哲学社会科学学科基础理论研究项目：“社会保障调节收入再分配效应及其政策体系完善研究”，编号：FJ2018MGCA040）。为了解社会保障调节收入再分配的效应，为相关部门提供决策依据，我们特组织此次调查。

本次调查需要耽误您一些时间，希望得到您的理解和支持。对每个问题的回答没有对错之分，只要您把真实情况和想法告诉我们即可。本次调查是匿名的，调查结果不对外公开，仅用于前期政策制定方面。对调查数据的分析、运用，将严格遵守国家“统计法”的相关规定。

谢谢您的配合。祝您工作顺利，身体健康！

“社会保障调节收入再分配的效应及其政策体系完善研究”课题组

2019 年 1 月

一、您的基本情况：

1. 您的性别：A. 男；B. 女

2. 您的年龄：A. 35 周岁及以下；B. 36 ~ 45 周岁；C. 46 ~ 59 周岁；D. 60 周岁及以上

3. 您婚姻状况：A. 已婚；B. 未婚；C. 离婚；D. 丧偶
4. 您的家庭人口情况：A. 1 人；B. 2 人；C. 3 人及以上
5. 您的文化程度：A. 小学及以下；B. 中学；C. 大学；D. 研究生及以上
6. 您的年收入：A. 20 000 元及以下；B. 20 001~30 000 元；C. 30 001~40 000 元；D. 40 001~50 000 元；E. 50 001 元及以上
7. 您的工作年限：A. 10 年以上；B. 5~10 年；C. 1~5 年；D. 1 年以下
8. 您的户口性质：A. 农业；B. 非农业；C. 农业转居民；D. 非农业转居民
9. 您目前从事的职业：A. 国家机关、党群组织、企事业单位负责人；B. 专业技术人员；C. 公务员、办事人员和有关人员；D. 经商、商贩；E. 餐饮；F. 保洁、家政、保安类；G. 装修；H. 其他。
10. 您目前就业单位性质：A. 机关、事业单位；B. 国有及国有控股企业；C. 集体企业；D. 私营企业；E. 个体工商户；F. 外资企业；G. 其他
11. 您目前就业身份：A. 雇员；B. 雇主；C. 自营劳动者；D. 其他
12. 您现住房的性质：A. 租住单位/雇主房；B. 政府提供廉租/公租房；C. 单位/雇主提供免费住房；D. 自建房；E. 其他非正规居所

二、您参加社会保障情况：

13. 您目前参加社会养老保险的项目（按照实际参加情况，可以多项选择）：A. 国家公职人员社会养老保险；B. 城乡居民社会养老保险；C. 城镇企业职工社会养老保险；D. 商业性社会养老保险；E. 没有参加
14. 您目前参加医疗保险的项目（按照实际参加情况，可以多项选择）：A. 城乡居民基本医疗保险；B. 城镇职工基本医疗保险；C. 工伤保险；D. 生育保险；E. 商业医疗保险；F. 没有参加
15. 您目前获得社会救助项目（按照实际参加情况，可以多项选择）：

A. 医疗救助；B. 教育救助；C. 自然灾害救助；D. 住房救助；E. 临时困难补助；F. 优抚安置；G. 没有

16. 您目前是否享有城镇居民最低生活保障：A. 享有；B. 不享有
17. 您目前是否享有住房公积金：A. 享有；B. 不享有

三、您对社会保障调节收入再分配的客观情况：

18. 参加社会保障后，您的收入再分配提高的比例：A. 没有提高；B. 提高了5%及以下；C. 提高了5%~10%；D. 提高了10%及以上
19. 参加社会养老保险后，您的收入再分配提高的比例：A. 没有提高；B. 提高了5%及以下；C. 提高了5%~10%；D. 提高了10%及以上
20. 参加医疗保险后，您的收入再分配提高的比例：A. 没有提高；B. 提高了5%及以下；C. 提高了5%~10%；D. 提高了10%及以上
21. 获得社会救助项目后，您的收入再分配提高的比例：A. 没有提高；B. 提高了5%及以下；C. 提高了5%~10%；D. 提高了10%及以上
22. 获得最低生活保障后，您的收入再分配提高的比例：A. 没有提高；B. 提高了5%及以下；C. 提高了5%~10%；D. 提高了10%及以上

四、您对社会保障调节收入再分配的主权评价情况：

23. 您是否认为社会保障制度能够调节收入再分配：A. 能够；B. 不能够
24. 您是否认为社会养老保险能够调节收入再分配：A. 能够；B. 不能够
25. 您是否认为医疗保险能够调节收入再分配：A. 能够；B. 不能够
26. 您是否认为最低生活保障能够调节收入再分配：A. 能够；B. 不能够

27. 您是否认为社会救助能够调节收入再分配：A. 能够；B. 不能够
28. 您是否满意社会保障制度对收入再分配发挥的调节作用：A. 满意；B. 不满意
29. 您是否满意社会养老保险对收入再分配发挥的调节作用：A. 满意；B. 不满意
30. 您是否满意医疗保险对收入再分配发挥的调节作用：A. 满意；B. 不满意
31. 您是否满意最低生活保障对收入再分配发挥的调节作用：A. 满意；B. 不满意
32. 您是否满意社会救助对收入再分配发挥的调节作用：A. 满意；B. 不满意
33. 您对社会保障制度调节收入再分配的公平性评价：A. 很公平；B. 较公平；C. 不公平；D. 很不公平
34. 您对社会养老保险调节收入再分配的公平性评价：A. 很公平；B. 较公平；C. 不公平；D. 很不公平
35. 您对医疗保险调节收入再分配的公平性评价：A. 很公平；B. 较公平；C. 不公平；D. 很不公平
36. 您对最低生活保障调节收入再分配的公平性评价：A. 很公平；B. 较公平；C. 不公平；D. 很不公平
37. 您对社会救助调节收入再分配的公平性评价：A. 很公平；B. 较公平；C. 不公平；D. 很不公平

访问结束。非常感谢！